开创蓝海

跳出竞争陷阱，寻找新增长点

THE W. CHAN KIM AND RENÉE MAUBORGNE
BLUE OCEAN STRATEGY READER

[韩] **W. 钱 · 金**（**W. Chan Kim**） 著
[美] **勒妮 · 莫博涅**（**Renée Mauborgne**） 著
刘俊蓉 译

中信出版集团 | 北京

图书在版编目（CIP）数据

开创蓝海 /（韩）W. 钱 · 金，（美）勒妮 · 莫博涅著；刘俊蓉译. -- 北京：中信出版社，2019.12

书名原文：The W. Chan Kim and Renée Mauborgne Blue Ocean Strategy reader

ISBN 978-7-5217-1001-4

Ⅰ. ①开… Ⅱ. ①W… ②勒… ③刘… Ⅲ. ①企业管理－战略管理－研究 Ⅳ. ①F272.1

中国版本图书馆CIP数据核字(2019)第227998号

The W. Chan Kim and Renée Mauborgne Blue Ocean Strategy reader by W. Chan Kim and Renée Mauborgne.

开创蓝海

著　　者：［韩］W. 钱 · 金　［美］勒妮 · 莫博涅
译　　者：刘俊蓉
出版发行：中信出版集团股份有限公司
（北京市朝阳区惠新东街甲4号富盛大厦2座　邮编　100029）
承 印 者：三河市中晟雅豪印务有限公司

开　　本：787mm × 1092mm　1/16　　印　　张：17.75　　字　　数：146千字
版　　次：2019年12月第1版　　印　　次：2019年12月第1次印刷
京权图字：01-2019-2961　　广告经营许可证：京朝工商广字第8087号
书　　号：ISBN 978-7-5217-1001-4
定　　价：69.00元

服务热线：400-600-8099
投稿邮箱：author@citicpub.com

目　录

序　言

“蓝海战略”是我们这个时代最有影响力的商业概念之一，同名获奖书籍《蓝海战略》，由W.钱·金和勒妮·莫博涅在2005年首次出版，并在2015年推行了修订本。此书风靡全球，被译成44种语言，售出360万册。这个概念在商业世界的知名度可以用“天下谁人不识君”来形容，因为它为所有地区和行业管理者的终极难题——如何开创新的市场空间——给出了答案。

然而，大多数管理者并不知道，金和莫博涅关于开创新的市场空间的理论、框架和工具，一开始是刊登在《哈佛商业评论》杂志上的。这些开创性的文章重新定义了管理者应该如何思考和执行战略。这些文章挑战了竞争是战略核心的理论，论证了硬碰硬的竞争反而会导致互相效仿的战略并挤压利润空间。要实现盈利性增长，公司应该跳出竞争的怪圈，找到完全不同的新市场。这些文章还驳斥了“战略只能在差异化和低价格之间做取舍”这一深入人心的概念。蓝海战略的一个信条就是同时追求差异化和低价格，公司可以兼得有利的成本结构和有利的买方价值，不是只能非此即彼。所有这些文章后来构成了我们所知道的蓝海战略。

这本书收录了金和莫博涅发表于《哈佛商业评论》上的所有相关文章，包括出版了《蓝海战略》一书之后陆续发表的相关延伸扩展的文章。有了这本书，读者可以读到原汁原味的蓝海战略的概念及工具的精髓。这本书中的文章按发表的时间顺序呈现，给了管理者一个前所未有的视角，了解这些概念和工具如何演变，如何以新的方式来运用这些概念——从改变看待战略的角度这一关键步骤开始，到最终确保蓝海战略成功实施。无论你是否熟悉蓝海战略，这一系列文章都将为你理解这些广为应用的概念、框架和工具提供一个新的角度，便于你在组织中加以应用。

这些文章逐一研究了颠覆性的战略思维，定义了蓝海战略，解释了改变公司战略重点的系统性流程，即发现新机会、创造新的价值曲线、建立赢利的业务模式和克服组织阻力。这些文章还介绍了频繁用于制定和实施蓝海战略的各种分析工具：价值曲线、战略布局图、买方效用图、大众价格走廊以及业务模式指引。理解这些文章中的概念、流程和工具，对于战略团队、公司领导及任何负责实施战略的人来说都极其重要。

挑战现有战略逻辑：第一篇文章介绍了蓝海战略的基本概念。

在《价值创新：高速增长的战略逻辑》一文中，金和莫博涅发现高速增长型公司有别于其他公司的地方，在于它们思考战略的方式不同。这些公司的管理者问的问题，发现和追求的机会，对风险的理解，都有别于大多数公司的管理者。一般公司的管理者侧重于和竞争对手比较或以击败对手为目的（传统的战略逻辑），而高速增长型公司的管理者则寻求创造没有直接竞争对手的产品和服务。后者成功地给买方创造了飞跃的价值，而不是仅仅与竞争对手对标。为此作者新造了一个词——价值创新，来描述这种本质上完全不同的战略逻辑。文章通过雅高酒店集团（Accor）和维珍大西洋航空公司（Virgin Atlantic，以下简称维珍航空公司）的案例，介绍了改变战略逻辑的两个工具："价值曲线"，用于描述一家公司在把握成功因素方面的表现；"开拓—移民--定居"图，用于评估一家公司的业务组合，以发掘增长机会。

使用公平的流程：管理者在实施重大变革时没有征求员工的意见，会造成信任缺失和员工游离。有证据表明，人们如果相信做出决定的流程是公平的，多数人会接受即使不完全有利于自己的结果。《公平的流程：知识经济中的管理》这篇文章展示了糟糕的流程会毁掉一个正确的决定，因而提出了"联结互动、答疑解惑、澄清期望"三个原则。这会让大家认为流程公正，有利于公司引导员工把精力和创造力放在追求公司目标上。

寻找没有竞争的市场：开创新的市场空间要用不同的战略思维方式，但管理者通常不知道从哪儿着手。在《开创全新市场空间》一文中，金和莫博涅提供了一套实用的方法，在传统竞争之外采用系统化的方式寻求价值创新：研究替代行业、研究行业内的相似战略群、研究跨买方链条、研究互补的产品和服务、研究功能及情感对买方的触动，甚至是研究时间的跨越。文章展示了如何重新定义市场边界，介绍了家得宝公司（Home Depot）、Intuit软件公司、拉夫劳伦公司、彭博社和星巴克的案例。文章还运用“价值曲线”工具来描绘一家公司或一个行业如何重新设计产品和服务，引入了“剔除—减少—增加—创造”这个工具来创造新的价值曲线。

确定真正具有商业潜力的想法：一旦找到了几种潜在的新市场空间，公司高管为难的是到底跟进哪一种。文章介绍了三个工具——买方效用图、大众价格走廊和业务模式指引，用系统的方式减少不确定性。《确定性创新》阐述了如何使用这三个工具，并用嘉信理财集团（Charles Schwab）、美国西南航空公司和斯沃琪手表的案例做了演示。

让新战略被看见：《战略布局图：准确描绘公司的未来》一文介绍了标志性工具“战略布局图”，它是围绕价值创新的一个分析框架，展示了如何用布局图来描绘战略，以便于传达并让员工理解和接受。作者演示了如何用“可视化战略”有条理地描绘战略布局，其中4个步骤包括：用视觉唤醒、用视觉探索、可视化战略展会和可视化沟通。作者运用短途航空运输业和欧洲金融服务公司（EFS）的例子做了详细的示范。

克服组织阻力：转换战略，尤其是转向蓝海战略，意味着与现状说分手，管理者因此会面临四种阻力：认知阻力、资源阻力、激励阻力和政治阻力。《引爆点领导法》一文说明了如何克服这些阻力，施行快速和重大的变革，低成本地赢得员工的支持。

全面综合运用：《蓝海战略》一文第一次提出“蓝海战略”这一说法。金和莫博涅把红海战略与蓝海战略进行对比，把所有研究发现、深层概念和独特逻辑综合在一起，解释了什么是蓝海战略、什么不是，并演示了如何运用蓝海战略。

打造业务环境：红海战略本质是结构主义战略，蓝海战略本质是重建主义战略，二者的深层逻辑差异很大。前者假定运营环境是给定的，后者寻求塑造环境。结构主义战略有一定价值，也有可用之处（红海总是存在），但重建主义战略在特定的经济和行业环境里是一道良方。《重建主义：战略如何塑造结构》一文阐述了不管选择哪种战略，在三个战略主张上取得一致才是恰当的方式。这三个战略主张是：吸引买方的价值主张、让公司赚钱的利润主张，以及激励员工及合作者努力工作、共同实施战略的人员主张。

释放组织潜能：员工不敬业的一个主要原因是领导力欠缺。然而并没有哪个领导一开始就想做差劲的领导，问题是他们不知道怎样可以激发员工做到最好，进而做出重大贡献。领导者可以从金和莫博涅的《蓝海领导力》一文中学习。“蓝海领导力”使用蓝海战略里的核心概念和工具，发展出了“领导力画像”。“剔除—减少—增加—创造”框架可以帮助领导者了解他们应该做什么，可以改变哪些行为，从而激励员工，提升业务绩效。这个工具可供各层级领导使用，帮助提升其领导能力，释放组织中未被开发的潜能和活力。

确保市场开创战略成功实施：十多年来，金和莫博涅一直坚持研究蓝海战略运用的得失成败，他们发现了有可能破坏开创市场战略实施效果的因素，即管理者的思维模式。他们的研究指出，管理者的脑海中有 6 种尤为显著的思维陷阱，使他们的思维模式深陷于红海而不能自拔，无法进入蓝海这片没有竞争的市场。《红海陷阱》一文细致地讲述了这 6 种陷阱，提醒管理者不要掉进去。

蓝海战略是一个珍贵的商业理念，在全球影响深远，不仅影响了致力于公司变革的管理者的每日工作，也影响了学术领域——全世界有 1800 所大学在讲授蓝海战略。它能吸引如此多的学者和管理者，是因为它有扎实的数据、系统的方式、一系列的工具和框架。尽管蓝海战略系统化的概念和工具功能强大，但制定蓝海战略毕竟是一个创造性行动，它从不同的角度看世界，致力于释放员工的创造力，还有什么比这更鼓舞人心呢?

价值创新：高速增长的战略逻辑

与其努力在成本或质量上竞争，不如成为价值创新者，在竞争对手尚未探索的领域寻找新的市场空间，从而建立独特的创新优势。价值创新者从来不说：看，竞争对手正在做这个，我们也做这个来应对。价值创新者会关注竞争对手，但不以他们为标杆。

经历了这十几年经济下行及日趋白热化的竞争，很多公司都面临着盈利性增长的巨大挑战。为什么有些公司的确做到了收入和利润持续高歌猛进？我们用了5年时间研究高速增长的公司及其不太成功的竞争对手，发现答案是，每家公司制定战略的方式不同。关键差异并不在于管理者选择的某个战略分析工具或规划模型不同，而在于公司战略根本上暗含的假设不同。那些不太成功的公司还在采用传统的战略制定方式，它们的战略思维被禁锢于“在竞争中保持领先”的想法中。与之形成鲜明对比的是，高速增长的公司没有在跟上甚至打败竞争对手方面花太多心思。与之相反，它们探索的是不被竞争对手传统打法牵着鼻子走的战略逻辑，我们称之为“价值创新”。

一起看一下比利时影院运营公司波特克雷斯（Bert Claeys）的案例。20世纪60年代到80年代，比利时的影院行业逐步衰落。随着录像机、卫星电视和有线电视的普及，比利时人每年去看电影的平均次数从8次降到了两次。到80年代，许多影院运营公司纷纷倒闭。

得以幸存的影院运营公司在萎缩的市场里硬撑着。它们采取的措施都大同小异：把影院升级改造成拥有多至十块银幕的多影厅式影院，放映符合不同观众群口味的各类电影，提供更丰富的餐饮服务，以及增加放映场次等。

1998 年，波特克雷斯公司创立了凯那波利斯（Kinepolis）院线品牌，与之相比，原先电影市场上玩的各种花样都有些过时了。凯那波利斯影院既不是传统影院，也不是多影厅式影院，它是世界上第一个超级影院，拥有 25 块银幕和 7600 个座位，给影迷们带来了前所未有的震撼体验。凯那波利斯影院第一年就在布鲁塞尔拿下了 50% 的市场份额。今天，许多比利时人说起凯那波利斯影院，不会说“今晚去那儿看了场电影”，而会说“在凯那波利斯影院度过了一个美好的夜晚”。

让我们看一下凯那波利斯影院和比利时其他影院有何差异。传统的比利时多影厅式影院，每个放映厅都很小，通常不超过 100 个座位，银幕长 7 米、宽 5 米，使用 35 毫米胶片放映机。凯那波利斯影院的一个放映厅，座位多达 700 个，每排座位间的距离非常宽敞，有人从你前面走过时，你不需要挪动双腿；座位超大，有独立的座椅扶手；地面的坡度设计得够陡，保证每位观众都不会被前排的人挡住视线；巨大的银幕长 29 米、宽 10 米，每块银幕都有独立基座，这样声波就不会在银幕间传导了。多数放映厅拥有 70 毫米胶片放映机和最新的音响系统。波特克雷斯公司大胆摒弃了行业的传统思维，即影院选址要在市中心黄金地段，它把凯那波利斯影院的位置定在布鲁塞尔的外环线边上，离市中心约 15 分钟车程。老影迷可以免费把车停在敞亮的大型停车场里。波特克雷斯公司做好了失去一部分习惯走路去看电影的影迷的心理准备，但是帮大部分影迷解决了老大难问题——布鲁塞尔市内停车位一位难求且停车费用高昂。

波特克雷斯公司为什么不涨票价还能提供如此极致的观影体验呢？答案在于超级影院的概念催生了行业内最低的成本结构。凯那波利斯影院建一个座位平均只需要 7 万比利时法郎，不到其布鲁塞尔同行成本的一半。它是如何做到的？超级影院建在市中心之外，物业成本更低；它的体量使采购具有规模效应，与电影发行人谈判有更多的筹码，从而有了更高的整体利润率；即使多达 25 块银幕，也只需一个售票处和大厅，从而节省了人工和运营费用。另外，这家公司基本不用花广告费，因为它的价值创新为它赢得了很好的口碑。

在这个看似并不具吸引力的行业里，凯那波利斯影院取得了令人瞩目的增长和盈利。比利时的电影爱好者们因为凯那波利斯影院，去影院的次数比以往更多，而且那些从不去影院看电影的人也被吸引了过去。没有和竞争对手在同一个细分市场硬碰硬，波特克雷斯公司的价值创新把传统竞争变得无关紧要（参见图示“凯那波利斯影院如何获得盈利性增长”）。

凯那波利斯影院如何获得盈利性增长

波特克雷斯公司遵循的是不同的战略逻辑。该公司没有和竞争对手的影院比拼传统的观影体验谁做得更好，而是一开始就采取完全不同的策略，并让观众无法抗拒。该公司像刚入行的新手一样思考。它聚焦于大多数影迷的共同需求，从而赢得了大量的观众。为

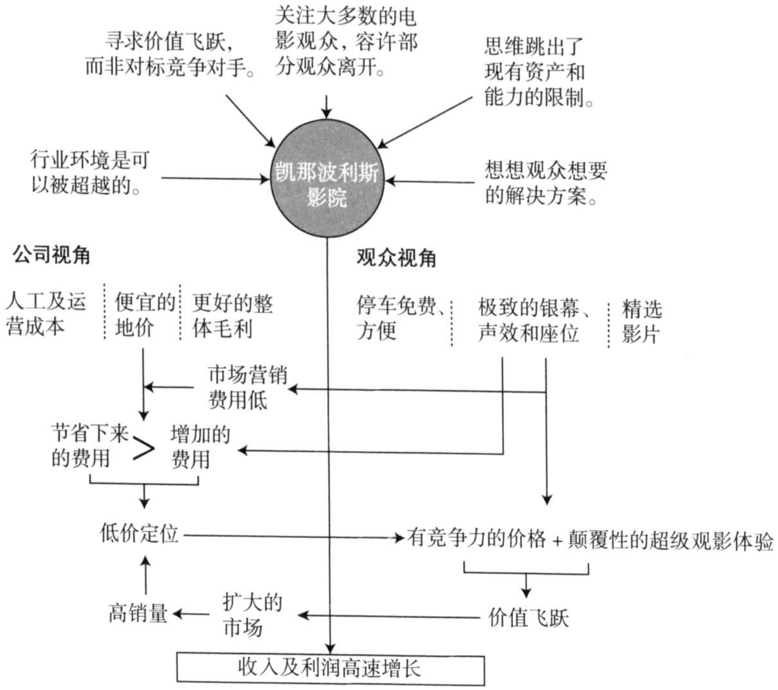

了给影迷提供极为看重的一套服务，该公司在思考“一家影院到底应该是什么样的”这个问题时，把传统思维置于一边，不仅提供了高价值观影体验，而且成本也降低了。这就是价值创新背后的逻辑。

为什么比利时的其他影院运营公司没有抓住这个机会？波特克雷斯和其他影院一样在比利时都是连锁的，这些都是沉没投资成本。但实际上，投资凯那波利斯超级影院的钱，比其他影院运营公司投资的要少。而大多数影院运营公司明里暗里都是按以下思路思考的：这个行业正在萎缩，所以我们不应该进行重大投资，尤其不应投资于固定资产；但我们可以通过在竞争的每一个关键维度都超越对手来提高我们的业务表现；我们必须有更好的电影、更好的服务以及更好的市场营销方法。

-观点概述-

努力保持领先于对手？没有必要。与其试图在成本或质量上与他们抗衡或击败他们，不如将他们排除在竞争关系之外——在竞争对手尚未探索的领域寻找新的市场空间。

怎么做呢？成为价值创新者。识别激进的想法，使你为客户提供的价值获得飞跃。

价值创新者会问："忘掉我们所知的行业内现行的游戏规则和传统，完全重新开始，应该怎么做？"美国有线电视新闻网（CNN）的创始人问了这个问题之后，用每天 24 小时全球直播新闻的方式取代了传统的播报形式。

价值创新者看似不以建立竞争优势为目的，但他们的创新实践使他们恰恰实现了这一目标。例如，维珍航空公司取消了头等舱，转而为商务舱乘客提供更大的价值：更舒适的座椅以及往返机场的免费交通服务。它不仅吸引了商务舱的乘客，也吸引了其他航空公司经济舱全额票价乘客和追求性价比更高的头等舱乘客。

-理念实践-

要成为另类价值创新者，请思考以下策略，以法国雅高酒店集团为例。

假设你可以塑造你所在行业的环境条件。20 世纪 80 年代中期，法国的经济型酒店行业有两类市场：床很不舒服且环境嘈杂的廉价酒店，以及设施升级、让人能拥有体面睡眠的价格较高的酒店。雅高通过为价格敏感的客户提供廉价和条件优良的住宿环境，重新定义了行业。

关注你的大多数买家所看重的。雅高发现了所有经济型酒店的客户都想要的：花低价睡个好觉。

考虑改变你的产品，以占领你发现的市场。取消对客户而言没有价值或影响价值的功能。简化在竞争中为抗衡或击败竞争对手而过度设计的产品和服务。进一步提升高价值功能，使客户不再将就。创建你所在行业从未提供过的新功能。

雅高集团创造了一个全新的酒店概念：Formule 1 经济型酒店。雅高集团取消了昂贵的餐厅和休息区，因为研究发现，目标客户能够接受经济型酒店没有这些功能。它还削减了其他功能，例如只在入住和退房高峰期提供前台接待员，用几个搁板和一个挂衣杆取代壁橱和梳妆台。同时，它还改进了几个功能，例如使用低成本的预制砖建造房间以达到良好的隔音效果。

传统战略逻辑与价值创新逻辑对比

传统战略逻辑与价值创新逻辑在制定战略的 5 个维度上都存在巨大差异。这些差异决定了管理者问什么问题、发现和追求什么商机，以及如何理解风险（参见图示“两种战略逻辑”）。

两种战略逻辑

制定战略的 5 个维度	传统战略逻辑	价值创新逻辑
行业假设	行业的环境条件是给定的。	行业的环境条件是可以塑造的。
战略重点	公司应该打造竞争优势，目标是打败对手。	公司应该追求通过价值飞跃来占领市场，而不是对标竞争对手。
客户	公司应通过进一步细分市场和定制化来保留和扩大客户群。它应该关注客户价值取向的差异性。	瞄准绝大多数客户，愿意接受一些现有的客户离开。它聚焦于客户价值取向的关键共同点。
资产和能力	公司应该利用现有的资产及能力。	公司绝不可囿于它已经拥有的东西。它必须问：“如果重新开始，我将会怎么做？”
产品和服务	行业的传统边界决定了公司提供的产品和服务。公司的目标是最大限度地提高这些产品和服务带给客户的价值。	价值创新者从满足客户需要的整体方案的角度来思考，即使这会让公司提供超越行业传统的产品与服务。

行业假设

许多公司把它们所在行业的环境条件看成是给定的，并据此制定战略。价值创新者并不这样做。不管行业内的其他人怎么做，价值创新者都会寻求一鸣惊人的做法和价值的飞跃。如果波特克雷斯公司接受“行业的环境条件是给定的”这个传统逻辑，它就永远不会创造出超级影院。它没有采用残局战略，在现有业务里硬榨出利润；也没有采用零和战略，在萎缩市场里陷入争夺市场份额的困境。与之相反，波特克雷斯公司通过凯那波利斯超级影院的价值创新，跳出了行业传统的局限。

研究高速增长的根源

过去 5 年里，我们研究了全世界大约 30 个行业里的 30 多家公司。我们既研究了收入和利润高速增长的公司，也研究了业绩表现不佳的公司。为了解释这两组公司的业绩差异，我们访谈了几百位管理者、分析师和研究员；整理记录战略、组织和业绩概况；研究行业和组织的模式。我们还比较了这两组公司的增长潜力。私人公司比上市公司增长更快吗？行业的整体增长对公司有什么影响？初创公司比成熟公司更有优势吗？由创意无限的激进的年轻人领导的公司比年长的管理者领导的公司增长得更快吗?

我们发现所有这些因素都没有以系统的方式产生影响。高速增长既发生在大公司也发生在小公司，既发生在高科技行业也发生在对技术水平要求较低的行业，既发生在新公司也发生在老公司，既发生在私人公司也发生在上市公司，同时也在世界各国的公司里发生。

对两组公司管理者持续产生作用的是他们思考战略的方式。在对管理者的访谈中，我们请他们描述其战略行动及背后的思考，以便了解他们对于制定战略的5个维度的看法。我们对面谈内容的分析结果印象深刻。不管他们处于哪个行业，高速增长的公司的管理者都说到了价值创新逻辑，不那么成功的公司的管理者则都以传统逻辑来思考。

我们被这个发现激起了好奇心，继续了解高速增长公司的管理者在市场上是否将其战略思维应用于业务新方案。我们发现他们的确是这么做的。

在研究了近百家公司开展的新业务之后，我们进一步量化了价值创新对于公司收入和利润增长的影响。86%的新业务是线性延伸，即在现有业务基础之上进行改善，这部分新业务占了总收入的62%，但只占总利润的39%；而余下的14%的新业务是真正的价值创新，它们占了总收入的38%，却惊人地占到了总利润的61%。

战略重点

许多公司让竞争对手来决定自己战略思考的相关因素：它们与竞争对手比较优势和劣势，然后专注于建立优势。来看下面的例子。多年来，美国主要电视网络的新闻节目形式相同，所有新闻节目在同一时段播出，互相较量各自对新闻事件的分析、采编播报新闻的专业度以及新闻主持人的受欢迎程度。1980年，美国有线电视新闻网横空出世，带来了价值的飞跃。它没有与现有的电视网络直接竞争，而是采用了全球24小时实时播报新闻的方式。美国有线电视新闻网不仅创造了新的需求，成为全球新闻报道领域的领导者，其制作成本也很低，每小时成本只有其他电视网络的1/5。

传统战略逻辑让公司在市场增量中竞争，以期多分一杯羹。价值创新逻辑始于主导市场的雄心，想要在价值上实现巨大飞跃。价值创新者从来不说：看，这是竞争对手正在做的，我们也做这个来应对。价值创新者会关注竞争对手，但不以他们为标杆。思爱普公司（SAP）

是世界领先的企业应用软件公司，它的副主席哈索·普拉特纳这样说：“竞争对手是否比我们强，我毫无兴趣。真正的考验是，如果我们不推销自家的产品，多数客户是否仍会千方百计地来购买。”

正是由于价值创新者不把重点放在竞争上，他们才可以区分出高价值要素，而不陷于行业为之竞争的那些要素中；他们不会因为竞争对手正在做某些产品和服务而耗费资源在同样的东西上，例如，美国有线电视新闻网决定不参与其他电视网络互挖知名主持人的竞赛。运用价值创新逻辑的公司腾出资源，发现并交付全新的价值源泉。虽然价值创新者一开始并没有想要建立竞争优势，但具有讽刺意味的是，最后他们获得的竞争优势极为显著。

客户

许多公司通过保留和扩大客户群来寻求增长，这会导致过度细分客户群以及为满足特殊需求提供高度定制化的产品和服务。价值创新者用的是另一种逻辑。价值创新者不会着力于客户的不同需求，而是把客户都看重的有影响力的共同特点发掘出来。正如法国雅高集团的一位高管所说的：“我们关注把客户联结在一起的东西。客户的差异会蒙蔽你的眼睛，使你看不到什么是最重要的。”价值创新者相信，客户如果获得了巨大的价值，就不会先考虑自己的个别需求。价值创新型公司瞄准了市场的核心部分，哪怕这样会流失掉一小部分客户。

资产和能力

许多公司从现有的资产和能力角度来看待业务机会。它们会问："以我目前的状况，我最多能做什么？"相反，价值创新者会问："如果我们从头开始，会怎样？"维珍航空公司在 20 世纪 80 年代末问了同样一个问题。当时该公司拥有遍布全英国的小型音像制品连锁店，但它却提出了建立超大型音乐和娱乐商店的想法，这将给客户带来巨大的价值飞跃。鉴于其现有的小连锁店对抓住新的商机不起作用，维珍航空公司决定卖掉整个小型音像制品连锁店业务。维珍航空公司的一位高管说："我们不会被眼前正在做的事情所束缚，我们会去想什么能让我们决胜未来，干脆从零开始。"

这并不是说价值创新者从来不利用已有的资产和能力，事实上他们经常利用。但更重要的是他们在评估业务机会时，不会被此刻已有的条件左右或约束，因此价值创新者不仅对价值本身和价值的变化有更多洞见，而且更有可能根据其洞见采取行动。

产品和服务

行业一直以来提供的产品和服务清晰地界定了行业边界，传统的竞争发生在边界之内。价值创新者常常跳出这些边界，他们思考的是客户所需的一揽子方案，而不是以行业惯例迫使客户做出重大妥协，正如波特克雷斯影院给电影观众提供免费停车的服务。康柏电脑公司（Compaq）的一位高管这样说："我们不断问自己，我们的产品和服务怎么适应客户全链条解决方案？我们需要解决客户在整个链条上遇到的主要问题，即使为此要开办新的业务。我们不会局限于行业所定义的应该做什么、不应该做什么。"

创造新的价值曲线

价值创新逻辑怎么应用到公司的产品和服务的设计中？以雅高酒店集团为例。在 20 世纪 80 年代中期，法国的经济型酒店市场发展停滞，供应过剩。雅高的联合主席保罗 · 杜布吕和杰勒德 · 佩利森严厉要求公司的管理者为客户创造更大价值。他们敦促管理者忘掉所有已知的规则、做法和行业传统，设想雅高刚刚开业，他们会做什么？

雅高集团在 1985 年推出了经济型酒店 Formule 1。那时酒店市场划分为两部分：一部分包含无星级或一星级酒店，每间客房平均价格在每晚 60~90 法郎；另一部分是二星级酒店，每间客房平均价格为每晚 200 法郎。这些稍贵的酒店吸引了想要选择较好睡眠环境的客户。人们觉得这就是一分钱一分货，要么多花钱睡得舒服些，要么少花钱，忍受简陋的床和嘈杂的环境。

雅高集团的管理者是这样开始行动的：他们找出了所有经济型酒店（无星级、一星级和二星级）客户共同的需求——睡好觉和价格低。关注到这个共同的需求时，雅高的管理者发现，客户曾经被迫做出的妥协是有机会解决的。他们问了自己以下 4 个问题：哪些被行业认为理所当然的元素是可以剔除的？哪些元素可以减少到低于行业的平均水平？哪些元素应该提高到远超出行业平均水平？哪些史无前例的元素可以被创造出来？

第一个问题促使管理者思考，公司间竞争的要素是否真的给消费者带来了价值？这些要素通常被看作天经地义，即便它们毫无价值或偏离了价值。消费者看重的东西有时会发生根本性变化，而那些一心和竞争对手比较的公司，不会针对这些变化采取行动，甚至觉察不到这些变化。第二个问题敦促管理者判断产品和服务是否存在为了赶上或打败对手而过度设计的情况。第三个问题推动管理者挖掘客户被迫做出的妥协，并予以纠正。第四个问题帮助管理者冲破行业既定的边界，为增加客户价值开辟新的道路。

在回答这些问题的过程中，雅高集团创立了一个酒店新理念，从而诞生了 Formule 1。首先，该集团取消了酒店的一些标准特征，如昂贵的餐厅和漂亮的大堂，甚至不惜因此流失少量客户，因为雅高认为大多数人并不需要这些设施。

雅高的管理者还认为，经济型酒店提供了过多的其他设施，因此Formule 1 比其他无星级酒店提供的要少得多。比如，只有在入住和离店高峰时段才会有前台服务，其他时间客户使用自主服务。Formule 1 的客房比较小，只有床、几个搁板和摆放在房间角落的挂衣杆，没有衣柜和梳妆台，也基本没有其他配置，如文具、书桌和装饰品等。房间用工厂生产的标准预制砖建造，可以实现生产规模化，质量可控，还有良好的隔音效果。

Formule 1 给雅高集团带来了巨大的成本优势。该集团建造客房的成本减少了一半，人工成本从行业平均的占销售额的 25%~35% 下降到只占 20%~23%。节省下来的成本让雅高着力于提升客户最为看重的客房特征，使其超出法国二星级酒店的平均水平，而价格却仅仅高出一星级酒店一点点。

雅高的价值创新确实吸引了客户。该公司不仅获得了法国大量的经济型酒店住客，还扩大了市场，包括此前只睡在自己车上的卡车司机和暂歇几个小时的商务人士。新的客户被吸引到了这个经济划算的酒店入住。Formule 1 把竞争变得没那么重要。据最新统计，Formule 1 在法国的市场份额比排在其后的 5 家最大的酒店的总量还要大。

雅高集团的思维逻辑远离其行业标准，其远离的程度可以从价值曲线上看出来。这是一个公司在其行业关键要素中相对表现的图形化描述（参见图示“Formule 1 的价值曲线”）。根据传统的竞争逻辑，一个行业的价值曲线有一个基本的形状。竞争者尝试提升价值的方式是提供稍多一点的产品和服务，但回报也相应地只有一点点，他们从来没有挑战过曲线的形状。

Formule 1 的价值曲线

Formule 1 在法国给大多数经济型酒店客户提供了前所未有的价值，给客户提供了更多他们需要的服务，那些可有可无的则少提供一些。

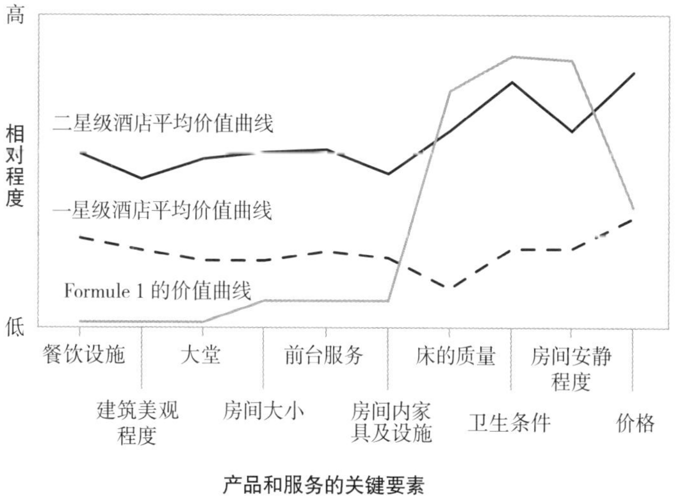

我们研究的所有高绩效公司和雅高集团一样，开创了更优的全新价值曲线。它们所做的就是打出一套组合拳：剔除一些特征，创

造一些新特征，减少一些特征，或提升至行业前所未有的水平。以思爱普公司为例，它是由德国沃尔多夫IBM（国际商业机器公司）分部的5名前员工于20世纪70年代初创立的，之后发展成为世界性的行业领导者。创立初期，当时的企业应用软件制造商还把精力集中在切分出更细化的市场，为客户的功能性需求提供定制化的产品，如生产管理、物流、人力资源和工资等。

当大多数的软件公司都埋头于提升某些特定的应用产品的表现时，思爱普公司却瞄准了大多数客户。思爱普并不在客户的差异需求上竞争，而是发掘了所有客户都关心的共同价值。该公司准确地指出，高度定制化的、独立的软件模块的所谓优异表现，其实被高估了。这些独立模块丧失了综合系统的信息整合优势和效率优势。

1979年，思爱普推出了一个建立在主机上的、实时的、综合的企业应用软件R/2。R/2对主机硬件平台没有限制，客户可以使用最好的硬件，因此可以大幅降低维护成本。同时，R/2还改善了信息的传输，例如，一个销售经理进入生产模块的数据库，就可以知道产品什么时候发货以及发货延迟的原因。思爱普的业务增长和利润都超出了行业水平。1992年，思爱普再次进行价值创新，推出了R/3这款面向用户服务器市场的软件。

竞争的陷阱，反复创新的必要性

一家公司创造了新的价值曲线后，将会发生什么呢？竞争对手迟早会模仿它。在一些行业里，价值创新者多年内都不会遇到实力相当的挑衅者，但是在某些行业里，对手模仿得很快，慢慢地，价值创新者的增长和利润就会遭到打击。为了保护来之不易的客户群，这些公司常常会反击，模仿者就会坚持对抗。价值创新者最终会陷入与对手的竞争之中，虽然这样做有违初心。太过沉迷于守住市场份额，公司可能会掉入传统战略逻辑的陷阱里。如果难以自拔，公司价值曲线的基本形状就会和竞争对手的趋同。

来看一下这个例子。康柏电脑公司在1983年发布了第一款个人电脑，大多数买家是先进的公司和技术控。IBM当时是市场价值曲线的定义者。康柏的第一个产品是首个能和IBM电脑媲美的个人电脑，代表了全新的价值曲线。康柏电脑不仅技术性能优秀，而且价格比IBM低了大约15%。在这款个人电脑上市的三年内，康柏电脑公司就成了《财富》世界500强企业，没有任何公司能够如此快速地腾飞。

IBM是怎样应对的呢？它试图跟上或打败康柏公司的价值曲线。康柏决心抵抗，也集中精力打击IBM。当IBM和康柏为电脑功能改善而酣战之时，用户变得对价格更敏感，对界面友好的要求高于对技术的要求。康柏为了和IBM竞争，生产了一款对大多数用户而言功能过多、价格过高的个人电脑。80年代末，当IBM从悬崖上跌落时，康柏无可幸免地紧随其后。

那么，康柏是否预见到了创造新的价值曲线的必要性，而不和IBM硬碰硬呢？如果康柏对行业价值曲线进行监测，它会意识到，80年代中后期，IBM及其他个人电脑制造商的价值曲线和自己的逐渐趋同；到了80年代末，就基本一样了。这本是个信号，提醒康柏公司是时候进行新一轮的价值创新了。

监测价值曲线可以在一家公司仍坐享厚利的时候，提示它自己要继续创新。在一些消长很快的行业，公司必须高频创新。在另外一些行业，公司可以长时间享受现有成果，其特别的价值曲线让对手很难模仿，而且因之产生的规模优势使模仿的代价很高。例如凯那波利斯影院、Formule 1和美国有线电视新闻网独霸市场很长时间，美国有线电视新闻网的价值创新形式在十年里无人能敌。但我们也看到一些公司为了独具一格而独具一格，迫切想要利用自己的独特能力或应用最新的科技。价值创新的关键是提供前所未有的价值，而不是技术或能力，并不是第一个出现在市场就能成功。

当一家公司的价值曲线极大地异于行业平均价值曲线，而且消费者非常认可这些差异时，企业管理者就有可能会抵触创新。此时反而要开疆拓土，扩展地域市场，提升运营质量，把创新成果转化成最大的市场覆盖率，发挥规模效应。这样可以阻吓模仿者，让公司在现有的价值创新上进一步挖掘潜力。例如，波特克雷斯公司迅速地推广和改进了凯那波利斯影院概念，在比利时安特卫普推出了大型影院大都会（Metropolis），并在欧洲和亚洲许多国家推出了类似的大型影院。雅高集团也已经在欧洲、非洲和澳大利亚开了300多家Formule 1，并开始进军亚洲市场。

三个平台

我们的研究发现，不断地成功进行价值创新的公司，都擅长利用价值创新发生的三个平台：产品、服务和交付。三个平台在不同的行业和公司中的具体含义各有不同，但通常而言，产品平台指的是产品本身；服务平台指维护、客服、保修、对分销商和零售商的培训等；交付平台包括物流及运输产品的渠道等。

公司管理者常常会努力在产品平台上进行价值创新，而忽略其他两个平台。长此以往，这种方式不可能产生持续的价值创新。当客户和技术发生变化时，每一个平台都会出现新的可能性。就像经验丰富的农民轮作庄稼一样，优秀的价值创新者也会在三个不同的平台上轮番创新（参见专栏“维珍航空公司：翱翔于传统战略逻辑之上）。

维珍航空公司：翱翔于传统战略逻辑之上

1994 年，维珍航空公司取消了头等舱服务，这一举动挑战了行业的传统逻辑，却不过是遵循价值创新的逻辑罢了。航空业里大部分利润来自商务舱，而不是头等舱，但头等舱却是成本之“重仓”。维珍航空公司发现了一个机会，它决定把砍掉头等舱节省下来的成本，用到商务舱的价值创新中。

首先，维珍航空公司推出了加宽的可以向后躺的座椅，把商务舱座椅的舒适度提高到大大超出行业标准水平。其次，维珍航空公司给商务舱乘客提供往返机场的免费接送服务，一开始用的是带司机的商务车，后来特别设计了一种“商务摩托车”，帮助商务人士从拥堵的城市中心快速抵达机场。

通过这些创新产品和服务，维珍航空公司不仅吸引了大量商务舱乘客，还把其他航空公司的全票价经济舱乘客及头等舱乘客一并吸引过来。维珍航空公司的价值创新把它和其他公司的差距拉开了一大截，并保持了很多年。但是竞争并不是静态的。当其他航空公司的价值曲线向其靠拢的时候，维珍开始了新一轮的价值创新，这次发生在服务平台上。

维珍航空公司发现，商务舱乘客希望在航班起飞前或长距离飞行的航班中转期间高效地利用时间，他们想在赶赴会议之前，梳洗打扮一下，换下起了褶皱的衣服。在维珍航空公司设计的休息室里，乘客可以洗澡、熨衣服、享受按摩服务、使用先进的办公设施。这些服务让忙碌的商务人士能充分利用他们的时间，可以直接从机场去会议地点，而不需要先到酒店停留。这项对客户而言有巨大价值的服务给维珍航空带来了巨量客源。该公司的员工平均销售额位居全行业之首，每英里单客座位成本也是最低的，价值创新带来的经济效益加强了良性循环。

当维珍航空公司一开始挑战行业的假设时，它的想法遭受到了很多质疑。毕竟，传统智慧告诉我们，要增长，企业必须做更多的市场细分。但维珍航空公司有意识地从头等舱带来的收入中抽身，进一步反常地构想出给客户的全套解决方案，即使这使它完全不像一家传统的航空公司。维珍航空不仅在航空业务方面运用了价值创新逻辑，其保险业务、音像制品业务和娱乐零售业务也运用了价值创新逻辑。这家公司总是不满足于利用现有的资产和能力。它是个始终如一的价值创新者。

康柏公司凭着它的服务器业务东山再起，这个过程展示了如何在时间长河里轮流应用三个平台来创造新的价值曲线（参见图示“康柏公司如何立于服务器行业之巅”）。在1989年末，康柏推出了它的第一个服务器SystemPro，用于运行5个网络操作系统——SCO UNIX、OS/2、Vines、NetWare和DOS，以及很多其他应用程序。和SystemPro一样，很多服务器能够运行多个操作系统和应用程序。但是，康柏公司观察到大多数用户只使用极小部分服务器容量，进而识别出大部分用户的共同需要，于是决定生产一款极其简化的服务器，仅优化运行NetWare、文件处理及打印功能。ProSignia在1992年应运而生。这是在产品平台上的价值创新。这款新服务器在文件处理及打印功能上的表现比SystemPro好一倍，价格却只要1/3。康柏公司只是通过减少一般应用之间的兼容问题就实现了价值创新。

当竞争对手试图模仿ProSignia，行业的价值曲线开始接近时，康柏公司再次起跳，这次是从服务平台上创造价值。康柏公司看到它的服务器只是客户对计算机全部需求中的一个要素而已，并不被当成一个独立产品。康柏公司还发现客户90%的花费用于网络，只有 10%用于服务器硬件本身。而康柏公司却和其他公司一样，只想着把服务器硬件的性价比做到最高，未曾想过服务器是买家花钱最少的部分。

康柏公司如何立于服务器行业之巅

第一次价值创新

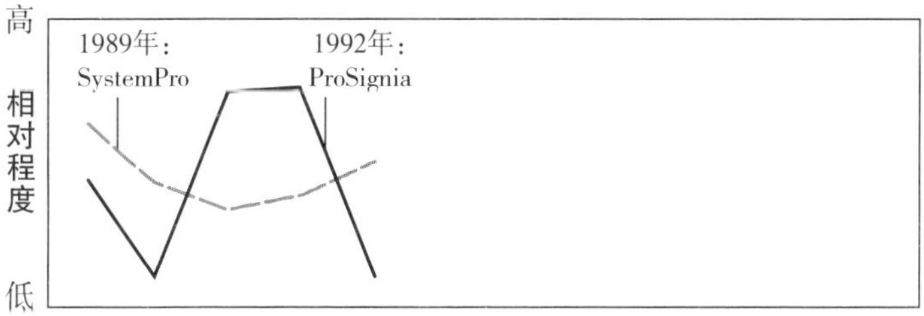

第二次价值创新

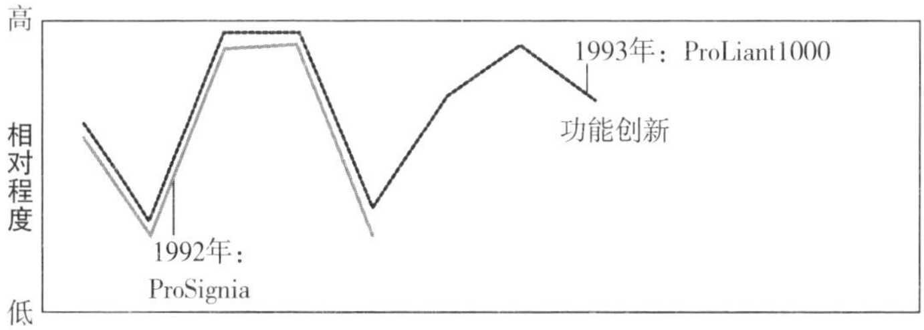

第三次价值创新

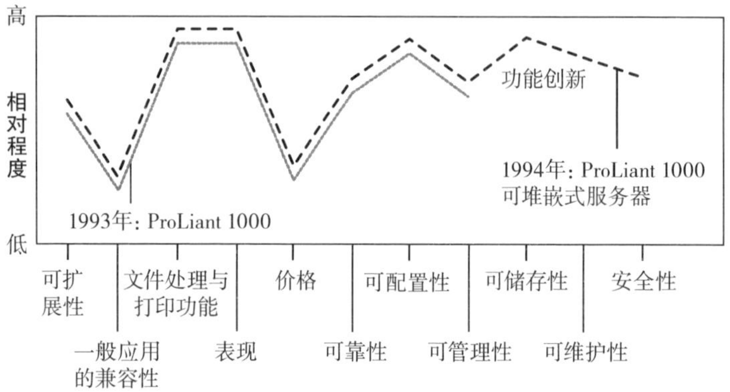

产品和服务的要素

康柏公司重新调整了资源的投入，推出了ProLiant 1000。这个服务器把两个新创的软件整合在一起。一个是SmartStart，根据企业的操作系统和应用程序配置服务器硬件和网络信息。它大幅降低了客户配置服务器网络的时间，避免了远程安装出错，使服务器从第一天起就能可靠地运行。第二个软件是Insight Manager，它可以自动监测到主板过热或驱动器有问题，帮助客户在网络出错之前进行管理。

康柏公司通过在服务平台上的创新，创造了具有优势的价值曲线，从而扩大了市场。不具备信息技术专长的公司曾经怀疑自己是否有能力配置和管理网络服务器，SmartStart和Insight Manager这两个软件使这些公司不再担心。ProLiant 1000在市场中胜出。

随着越来越多的公司使用服务器，康柏公司观察到客户常常没有适合存放设备的地方。昂贵的服务器被塞进柜子里，或随便与乱成一团的电线一起堆放在地板上，因而常常遭到损坏，极不安全，还很难维护。

康柏公司再一次关注客户的价值，而不是竞争对手，它认为是时候在产品上进行价值创新了。该公司推出了ProLiant 1000机架式服务器，使企业可以把服务器存放在一个倾斜的机柜里，机柜可放置在办公室的中心位置。这个产品可以有效利用空间，使机器得到保护，并容易监测、维修和升级。康柏设计的机架可以用于自己的产品，也可用于其他公司的产品，因此吸引了更多买家，从而更难以被模仿。该公司新的价值曲线再次远离了行业的价值曲线，其销量和利润再次上升。

康柏公司现在正在对交付平台进行价值创新，希望大幅减少从客户下单到设备送达之间的时长。太长的订单交付时间迫使客户预测他们自己的需求（这不太容易），通常还会让客户在等待订单交付的时间里不得不使用昂贵的解决方案来打补丁。由于服务器已经被广泛使用，而且需求也在快速成倍地增加，康柏公司相信更短的订单交付时间可以为客户提供价值的飞跃。该公司目前的交付方式是根据客户要求的规格来生产产品，并在下单后48小时内发货。这项价值创新让康柏公司降低了库存成本，并把过时产品的库存降至最低。

通过在这三个平台上的价值创新，康柏公司的价值曲线一直在和其他公司的价值曲线拉开差距。虽然它所在行业的竞争迭代很快，康柏公司持续开展的价值创新还是使其一直保持着世界第一服务器制造商的地位。自康柏公司华丽转身之后，它的销量和利润都达到了以前的 4 倍。

驱动企业高速增长

在我们的研究当中，一个发现引起了我们的注意：不管一家企业的战略逻辑对其影响多么深刻，这个逻辑常常没有被清晰地表述出来。由于没有被说明和被检验，一家公司未必会在其所有业务中运用一致的战略逻辑。

高管们如何才能促进价值创新呢？首先，他们必须识别和阐明占公司主导地位的战略逻辑。然后他们必须挑战这个逻辑。他们必须停下来思考：行业的假设是什么？公司的战略重点是什么？对待客户、资产和能力、产品和服务的方式是什么？在重新构建企业的价值创新逻辑之后，公司高管必须问 4 个问题，以便把想法转化成新的价值曲线：我们行业中哪些想当然的要素应该被剔除？哪些要素应该减少至低于行业标准？哪些应该提升至高于行业标准？应该创造哪些行业从来没有过的要素？问完这 4 个问题，而不是只问其中一两个，对于盈利性增长而言是非常必要的。在为客户提供极致优越的价值并降低公司成本的过程中，价值创新会同步发生。

对多元业务集团的管理者而言，价值创新逻辑可以用于确定各个业务中最有增长前景的业务。在我们的研究中，价值创新者都是其行业的开拓者，不一定是他们发明了新技术，但一定是他们把客户价值推向了最前沿。用“开拓”一词形容现有业务和将来业务的增长潜力，真是恰如其分。

一家企业的“开拓”业务是那些提供前所未有价值的业务。另一个极端是“定居”业务，这些业务的价值曲线和整个行业的基本形状吻合。“定居”业务通常不能给公司增长做出太多贡献。“移民”业务的潜力介于两者之间，这类业务给客户提供了或多或少的价值，价值曲线可能会稍微延展一点，但它们并没有改变价值曲线的基本形状。

检测各项业务的增长潜力

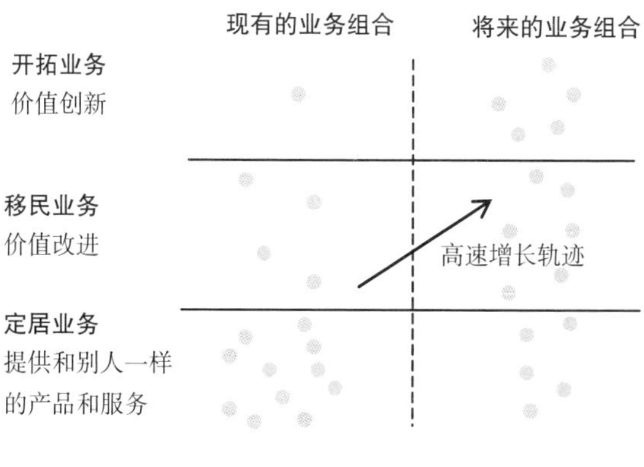

公司管理团队可以用一个有效练习来追求增长，那就是把公司现有及将来的业务组合画到“开拓—移民—定居”一图上（参见图示“检测各项业务的增长潜力”）。如果现有和将来的业务以“定居”业务为主，公司的增长轨迹较低，那就需要推动价值创新，否则公司容易陷入竞争的泥潭。如果现有和将来的业务里有很多“移民”业务，公司可预计合理的增长，但由于没有挖掘业务增长的潜力，就面临着被价值创新者边缘化的风险。对于要看未来的业绩数字的管理者而言，这个练习尤其有用。收入、赢利能力、市场份额、客户满意度，这些都是对公司现状的评价指标。传统战略逻辑认为这些指标可以指导未来，然而并非如此。“开拓—移民—定居”一图可以帮助公司预测和规划未来的增长和利润。在快速变化的经济环境里，预测和规划并不容易做到，但却至关重要。

（第一次发表于 1997 年 1—2 月）

公平的流程：知识经济中的管理

当下所有的企业都在向知识经济转型，公平的流程开始成为强大的管理工具。如果事关公司重大决策的过程是公平、公开的，员工就会信任并配合管理人员。他们会分享想法并愿意比本职工作做得更多。公司的业绩就会飙升。公平的流程会帮助激发员工的能量和创意。

伦敦的一位交警给一位违章拐弯的女士开出了一张罚单。女士辩称那里没有禁止拐弯的标识，警察指向一个弯曲变形的牌子，这块牌子从路上开过时根本看不见。这位女士异常愤怒，她决定向地方法院申诉。举行听证会的那天终于到来，她迫不及待地要说出自己的证词。她刚刚开始陈述，地方法官就打断了她，并判她胜诉。

这位女士此时什么感受？洗刷冤屈，大获全胜，还是心满意足？

都不是！她很沮丧，非常不开心。“我是为正义而来的，”她抱怨道，“但地方法官没让我解释发生了什么！”换言之，她虽然对结果满意，但是不喜欢得到这个结果的过程。

经济学家为了说明他们的理论，假设人是理性的，力图以最小经济代价去获得最大的经济效益。也就是说，经济学家假设人只注重结果。这种假设被广泛应用于管理理论和实践中。例如，这种假设深深植根于管理者控制和激励员工行为的传统管理工具中，包括激励机制和组织架构。但管理者应当重新检视这种假设，因为我们都知道，在现实世界里，这种假设并不总是成立的。人当然关心结果，但是像那位伦敦的女士一样，人也关心产生结果的过程。我们想知道自己拥有话语权，自己的观点即使未被采纳但也被考虑过。结果很重要，但产生结果的公平流程同样重要。

当今时代，公平的流程对管理者而言再重要不过了。企业正处于从产品经济到知识经济的转型过程，价值创造越来越依赖于新想法，公平的流程则成为这个过程中一个强大的管理工具。公平的流程深刻地影响了实现高绩效的关键态度和行为，它能建立信任、打开创意。有了公平流程，管理者可以得到员工的自觉合作，实现最艰苦而困难的目标。没有公平的流程，即使得到了员工支持，也很难实现目标。电梯制造商艾柯公司（Elco）的经历对此做出了说明。

好的结果，不公平的流程

20 世纪 80 年代末，美国办公楼过度建设，导致有些大城市的办公楼空置率高达 20%，电梯行业的销售额节节下降。面对减少的国内需求，艾柯公司意识到必须改进运营方式，用小单元生产的方式取代现行的大批量生产体系，这样可以让自我导向的团队取得优秀的绩效。眼见电梯行业濒临崩溃，该公司高层认为转型必须以创纪录的速度来完成。

艾柯公司缺乏小单元生产的专业能力，于是它聘请了一家咨询公司来为其转型制订总计划。艾柯公司让咨询顾问快速工作，并尽量不干扰员工。新的生产系统将首先在艾柯的彻斯特工厂完成安装。彻斯特工厂的劳资关系非常好，1983 年的时候工人就解散了工会。

之后，艾柯公司会把这套系统推广到高园工厂，那个工厂的工会实力强大，很可能会抵制这次变革或任何其他变革。

彻斯特工厂的厂长受人爱戴，在他的领导下，工厂在各个方面的运作堪称模范，员工的知识和热情常常给来访的客户留下深刻的印象。正因如此，营销副总裁把彻斯特工厂看作艾柯公司最好的营销工具。他说："让客户去和彻斯特工厂的员工聊一聊，这样客户离开工厂时，就会认定购买艾柯电梯是明智的选择。"

在 1991 年 1 月的某天，彻斯特工厂的员工来上班时，发现厂里多了一些陌生人。这些穿着黑西装、白衬衫，打着领带的人是谁？他们都不是公司的客户。他们每天都来，互相低声交谈着。他们不和员工打交道，而是出现在员工身后，做着笔记，画着花里胡哨的图标。谣言在员工中流传开来：每天下班后，这些人人批出现在厂房，偷窥员工的工作台，进行热烈的讨论。

在这期间，厂长出现在厂里的次数越来越少，他花了很多时间在艾柯公司的总部和咨询顾问开会。会议地点有意安排在工厂之外，不想让工厂员工分心。然而，厂长的缺位产生了相反的作用。员工变得焦虑，心想为什么他们的厂长看起来像是要抛弃他们。谣言迅速蔓延，每个人都开始相信咨询顾问会裁减工厂员工的传言，认为自己会失去工作：厂长老是不在厂里，明摆着是在躲我们；管理层没有给出任何解释，只能说明他们正准备对我们动手。彻斯特工厂员工的信任度迅速恶化。很快，人们谈论的内容都是美国国内其他工厂在咨询顾问的“帮助”下都关闭了。员工认为管理层也会随大流，自己很快就会成为受害者，怨恨之情随即产生。

事实上，艾柯公司的管理者无意关掉工厂。他们只是想消除浪费，让员工腾出时间提高质量，生产适应国际市场的新电梯。但是工厂的员工对此一无所知。

总体计划

1991 年 3 月，管理层把彻斯特工厂的员工召集到一个大会议厅。在咨询顾问入驻三个月后，他们才被正式介绍给员工。这时，管理层才向员工揭晓了彻斯特工厂变革的总体计划。在这场只有 30 分钟的会议上，员工听到他们熟悉的工作方式将被废除，取而代之的是一个叫“小单元生产”的概念。没有人解释为什么要变革，也没有人说明在新的工作方式下对员工的要求是什么。管理层并非有意绕开这些问题，他们只是觉得没有时间谈细节。

现场的员工惊呆了，全场沉寂。管理层把沉默误以为接受，他们忘记自己作为领导层，也花了几个月时间才接受了小单元生产的概念及其引发的相应变化。会议结束后，管理层自我感觉良好，以为员工们已和自己在同一条船上。他们想，有这么棒的员工，新计划的实施注定会成功。

拿着这份总体计划，管理层开始迅速重新布置工厂。员工问新的布局是为了什么，得到的回答是“为了提高效率”。管理人员没有时间解释为什么要提高效率，也不想让员工担忧。但是因为缺乏对自己身边发生的事情的了解，一些员工一来上班就觉得很不舒服。

管理人员告诉员工，不再对个人进行绩效评估，而会对一个单元的绩效进行评估。管理人员说有经验的员工应该自动补齐经验少或做得慢的员工落下的工作，但他们没有做进一步解释，没有说清楚新的体系应该怎么运作。

事实上，新的小单元设计对员工有极大的好处，比如更容易安排休假、让员工有机会拓展技能、参与多种多样的工作。但是由于缺乏对改革流程的信任，员工只看到了这个设计的负面作用。员工开始互相发泄恐惧和愤怒情绪，工厂车间纷争四起，因为有的员工拒绝帮助那些他们认为“不能完成自己工作的懒人”，或者有的员工把别人提供的帮助看作“踩过界”，对别人说“这是我自己的事，你回到自己的工位去吧”。

彻斯特工厂的明星员工团队分崩离析。员工拒绝做安排给他们的工作，“就算解雇我，我也不干”，这种情况在厂长的职业生涯中第一次出现。员工们不再信任原来他们很喜爱的厂长，开始绕过厂长，直接向总部的领导投诉。

厂长当时宣布说，新的小单元生产模式允许员工自我管理、自主行动，因此主管的职位被撤销了。他期望员工为此反应积极，目标一致地把彻斯特工厂变成未来工厂的典范，每个员工都被赋能，成为具有创业精神的推动者。事实却是，员工们感到困惑，他们不知道如何在新环境中取得成功。没有了主管，在库存短缺或机器出故障的时候，他们不知道应该怎么办。赋能意味着团队可以自己批准加班，自己解决重新加工等质量问题，或自行购买新的机器和工具？员工对如何才能做好毫无头绪，感到自己注定要失败。

暂停

到了 1991 年夏天，彻斯特工厂的生产质量如自由落体般下滑。员工开始讨论重新设立工会。最后在绝望中，厂长给艾柯公司的行业心理顾问打电话说："我这里完全失控了，我需要帮助。"

行业心理顾问在彻斯特工厂员工中开展了一次调查，了解哪里出了错。员工投诉道："管理层根本不在乎我们的想法和建议。"员工感到公司一丁点儿都不尊重他们个人，认为他们根本不配了解公司业务状况。"管理层懒得告诉我们未来要怎么发展，或对我们来说这些变革意味着什么。"员工感受到了极大的困惑和深深的不信任。"我们不知道在新的小单元模式中，管理层到底对我们有什么期望。"

什么是公平的流程？

“公平”一直是各个时代的作家或哲学家专注研究的主题，但是系统性地研究“公平的流程”在20世纪70年代才开始出现。当时，约翰·W.蒂鲍特和劳伦斯·沃克两位社会学家把他们对公平心理学的兴趣与对流程的研究结合了起来。他们的研究侧重于法律制定方面，致力于了解什么可以让人们信任法律系统，不需要强制手段也会遵守法律。他们的研究得出的结论是人们在意流程的公平性，正如他们在意结果本身一样。此后，其他研究，如汤姆·R.泰勒和E.艾伦·林德的研究，展示了公平的流程在各种不同的文化和社会环境中的作用。

在十多年前一个有关国际大公司的战略决策的研究中，我们发现了公平流程和管理之间的关系。那些大公司的很多高管对分公司经理的行为感到困扰，为什么那些经理不能和高管分享信息和想法？为什么他们把答应做好的事情搞砸了？我们研究了19家公司，发现了流程、态度和行为之间的直接关系。中层管理者如果相信公司的流程是公平的，就会表现出极高的信任和投入度，积极合作；相反，如果中层管理者觉得流程不公平，就会踯躅不前。

在接下来的实地调研中，我们进一步了解了公平流程在其他商业环境里的相关性，比如在公司转型过程中，在进行产品创新的团队中，以及在企业与供应商的合作中（参见专栏“无理行为中的道理：大众汽车公司和西门子利多富公司的故事”）。对于想建立充满创意和激情、尽心尽力的中层管理者和员工队伍的公司而言，我们有关公平流程的调研的核心发现是：一个人如果看到流程是公平的，不管他自己在体系中是处于强势还是弱势地位，都极有可能充分信任和配合这个体系。

无理行为中的道理：大众汽车公司和西门子利多富公司的故事

经济学理论很好地解释了人们行为中理性的一面，却不能解释为什么人们在结果良好时仍会采取不理性的行动。公平流程是一种新的行为理论，可以解释或预测什么情况下会出现令人费解的非理性的行为。

来看一下在大众汽车公司发生的事情。1992 年，这家德国汽车制造商正在墨西哥的普埃布拉扩建生产设施，这是它在北美地区唯一的生产基地。之前德国马克兑美元升值，大众汽车因价格较高难以进入美国市场。但 1992 年《北美自由贸易协议》生效，大众的墨西哥工厂具有成本优势，蓄势待发，准备重新占领广大的北美市场。

1992年夏，新的劳动合同签订。大众汽车公司和工厂工会主席签订的协议包括了给工人加薪20%，非常慷慨。大众公司认为工人应该非常高兴。

但是工会的领导人在讨论合同条款时没有邀请工人们参与，他们就合同的沟通一事也做得很糟，没有说清楚新的合同对工人而言意味着什么，以及为什么要改动其中一些条款。工人们不理解工会领导做出决定的基础，他们感到被出卖了。

7月21日，大众汽车墨西哥工厂的工人们开始大规模罢工，管理层被打了个措手不及。罢工造成了大约每天1000万美元的损失。到8月21日，大约300个抗议的工人被警犬袭击，政府被迫介入，试图结束这场骚乱。大众汽车公司重返北美市场的计划被打乱，业绩受到重创。

再来看一个相反的例子，欧洲最大的信息科技供应商西门子利多富信息系统公司（以下简称SNI）是如何起死回生的。1990年，西门子收购了困难重重的利多富电脑公司，成立了SNI。到1994年，SNI的员工从52000人减到了35000人。焦虑和恐惧充斥着整个公司。1994年，新任首席执行官格哈德·舒麦尔上任，他走到员工中，尽可能多地和员工交谈。在一系列大会小会上与总共超过11000名员工的沟通中，舒麦尔分享了自己长期奋斗的使命，并请每一个员工和他一起重振公司。他一开场就给员工展示了SNI真实但惨淡的业务状况：公司近期努力削减各种费用之后仍然亏损，进一步裁减员工的情况还会持续，每个业务要么展现出生存的能力，要么就不得不被裁撤。舒麦尔提出了清晰而严格的决策制定规则，然后要求员工自愿贡献想法。

最初有30名员工自愿贡献了想法，三个月后，新增了75名SNI高层管理者和300名员工。这405名变革推动者很快变成1000名，3000名，9000名，他们积极地招募更多人一起挽救公司。在这个过程中，凡是影响员工的决定，管理者和员工都一起出主意，大家都清楚如何做决定。一个好的提案会被高层出资“购买”回来并得到支持。如果没有高层愿意“购买”某个提案，那么这个提案就不再推行下去。虽然员工提出的建议中20%~30%都被拒绝了，但是员工认为这个过程是公平的。

员工满怀热忱地自愿加入进来，常常一直工作到深夜。仅仅两年之后，SNI就获得了欧洲公司历史上最令人瞩目的转变，它曾经累计亏损多达20亿德国马克，到1995年已经实现了赢利。同期，员工满意度是先前的两倍，即使此时重大而艰难的改革仍在进行中。

为什么大众汽车公司的员工在乐观的经济环境下反而要反抗？面对低落的经济状况，SNI如何能起死回生？焦点不是这两家公司做的事情不同，而是它们做的方式不同。这两个案例就展示了公平流程的巨大影响力。在制定和执行决定的过程中体现公平，会催生出追求高绩效的态度和行为。

公平流程满足了人的最基本要求。所有人，不管在企业中担任何种职位，都希望被当作“人”而受到尊重，而不是被看作“人工”或“人力资产”。我们期望别人尊重自己的智力，希望自己的想法被认真对待，希望理解一个具体决定背后的理由。人们能敏感地觉察到公司的决策过程所传达的信号——公司愿意信任员工并听取他们的意见吗？还是正好相反？

三个原则

我们调研的管理情境多种多样，请人们指出公平流程的基本要素。无论是高层管理者还是车间工人，都一致提到三个互相强化的原则：联结互动、答疑解惑和澄清期望。

联结互动是指让员工参与对其产生影响的决策的制定过程，听取各位员工的意见，让员工对彼此的想法和隐含假设展开讨论。联结互动传达了管理层对每个员工及其想法的尊重的态度。鼓励互相讨论会让每个人的思路更加清晰，从而形成集体智慧。联结互动的结果是管理层做出更优的决策，将来参与执行决策的员工会具有更强的投入感。

答疑解惑是指让每个参与的员工或受影响的员工理解为何最终决定是这样的。解释决定背后的思考可以增强员工的信心，因为这样他们可以知道管理者已经考虑过员工的观点，并从公司的整体利益出发公平地做出了决定。答疑解惑会让员工相信管理者的意图，即便他们的想法最终没有被采纳。这个过程还构成了作用强大的反馈闭环，有助于学习。

澄清期望要求管理者在做出决定之时，就清晰地说明新的游戏规则。尽管期望可能很高，但是员工应事先知道评估他们的标准是什么，做不好会受到什么惩罚，新的目标和阶段性目标是什么，谁负责什么。做到流程公平，新的规则和政策是什么不重要，重要的是员工清楚地理解了新规则和新政策。当员工清楚对自己的期望和要求时，博弈和徇私的情况就会减少，员工就会专注于手头的工作。

请注意，公平的流程不是非要所有人同意才能做出决定。公平不是为了“你好我好大家好”，不是通过满足每一个人的想法、需要和利益来获取支持。公平的流程让每个想法得到展示的机会，是所有想法的优点而不是一致的意见，推动了最终决定的达成。

公平流程并不等同于工作场所里的民主。实施公平流程并不意味着管理者要废除自己做决定、定政策的权力。公平流程追求最好的想法，不管这些想法究竟是一个人想出来的，还是大家一起想的。

“我们真的搞砸了”

艾柯公司的管理人员在彻斯特工厂违背了公平流程的三个基本原则。他们没有让员工参与直接影响员工的决定的制定过程；他们没有解释为什么要做出这些决定，以及这些决定对员工的职业发展和工作方式而言意味着什么；他们忽视了员工希望了解小单元生产模式的需求。没有公平的流程，彻斯特工厂的员工拒绝改变。

在行业心理顾问的调查结束一个星期后，艾柯管理层邀请员工20人一组，参加会议。员工们揣测，管理层要么会假装从未进行过调查，要么会指责员工不够忠诚。让员工大吃一惊的是，管理层从会议一开始就毫无保留地向员工展示了调查结果，并公开声明：“我们错了，我们真的搞砸了。我们太着急了，还很愚蠢。整个过程都有问题。”员工简直不敢相信自己的耳朵。在接下来的几个星期里，一共开了20多场会议，管理层反复地承认他们的错误。一位经理说："一开始没有人相信我们。我们之前把局面搞得太糟了。"

在接下来的会议里，管理层告诉员工目前公司业务惨淡，除了削减费用别无他选。如果不削减成本，艾柯公司的产品就得涨价，更高的售价将进一步抑制销量，这就意味着要进一步削减产量，可能还要把工厂搬迁到海外。员工们点头表示理解，他们看清了公司所处的窘境。公司业务出现的问题现在成了员工共同的问题，而不仅仅是管理层的问题。

但员工仍然有顾虑："如果帮助公司降低费用，用以前一半的时间生产质量好一倍的电梯，那不就不需要我现在的职位了吗？我不是自断后路吗？"为了回应员工的疑虑，管理层向员工讲述了在美国以外的市场增加销量的战略，同时还公布了一项名叫"积极时光"的新政策：任何一名做出工作改进的员工都不会被裁，相反，他们可以利用腾出来的空闲时间参加跨领域培训，使自己在其他运营领域的工作技能得到发展；员工还可以在空闲时间担任顾问解决质量问题。管理层进一步表态，在企业经营情况好转之前，如果有人离开，不会招聘新人填补职位空缺。但是管理层也把话说得很明白，如果业务状况进一步恶化，公司保留裁员的权力。

员工可能不喜欢听到这些话，但是至少他们理解。员工开始意识到自己在和管理层一起为艾柯公司的未来担责，如果自己改进产品质量和生产效率，公司就能给市场带来更多价值，就可以防止销售情况进一步恶化。为了让员工相信他们没有被引导到错误的方向，管理层答应定期分享关于销量、成本和市场趋势的数据，开启了重建信任的第一步。

艾柯公司的管理者曾犯下的错误不可能一笔勾销，但是他们可以在将来的决策中邀请员工参与。经理们开始问员工为什么会认为新的小单元生产运转不起来，应如何修正这些问题。员工建议改变物料存放地点，改变机器的位置，以及改变开展工作的方式。小单元生产模式因此得到了重新设计，业绩稳步提升，远远超出了咨询顾问一开始设定的期望。随着信任的恢复，有关恢复工会的说法也逐渐消失了。

轮到高园工厂了

此时，管理层很担心把新的工作方式引进高园工厂会发生什么。这家工厂和彻斯特工厂不一样，它有抵制变革的"黑"历史。那里的工会非常强大，有些员工在公司已经工作了25年之久。而且，高园工厂的厂长是一个刚上任的年轻工程师，之前没有管理过工厂，看上去他没有任何胜算。变革在彻斯特工厂引起了众怒，可以想象高园工厂的情况可能会更糟。

然而管理层多虑了。咨询顾问刚来到高园工厂时，年轻的厂长就向全体员工介绍了他们。在一系列全厂的会议中，公司高层管理人员坦诚地说明了业务状况，包括销量和利润下滑，并解释说，他们拜访了公司的其他工厂，实施小单元生产体系后生产效率都提升了。他们宣布了“积极时光”政策，安抚员工对裁员的担忧。在高园工厂，管理者们鼓励员工帮助咨询顾问一起设计新的生产小单元，还鼓励进行积极的讨论。当时旧的业绩评估方法已经废止，管理者们就和员工一起制定新的评估方法，并且制定了小单元团队的新职责。高园工厂的管理人员每天都等着预计可能发生的崩盘突然降临，但是一直没有发生。当然，员工偶尔也有牢骚，但即使不喜欢一些决定，他们也觉得受到了公平对待，愿意加入扭转公司最终业绩的变革中。

三年后，我们来到一家有名的餐馆，与来自彻斯特工厂和高园工厂的员工谈话。两个工厂的员工现在都认为小单元生产模式更好。高园工厂员工对他们的厂长充满敬佩之情，他们对艾柯公司的管理者们在向小单元生产模式转变过程中遇到的困难表示同情。他们的结论是：这个改变是必需的、值得的，是一段正面积极的经历。但彻斯特工厂的员工说起这段经历，还是特别愤慨（参见专栏“有失公平的代价”）。在他们看来，就如伦敦那位收到罚单的女士所感受到的一样：公平的流程和结果一样重要，甚至比结果更重要。

有失公平的代价

一直以来，公司设计制定公平流程的政策只是为了被动回应员工的投诉和反抗。但真等到这个时候就太迟了。人们对有失公平的流程感到异常愤怒，被迫发起抗议时，诉求就会超出合理的范围，渴望得到“报复性公平”（理论界的说法）：他们不仅希望重新获得公平的流程，还会对那些有失公平的人诉诸惩罚和报复，让其为忽视公平流程付出代价。

员工缺乏对管理层的信任，就会要求耗时费力地把政策制定得事无巨细、死板僵化，并要求严格执行，因为员工要确保管理者不再做出不公平之举。员工如果感到被蔑视，会试图让管理层收回按不公平的流程推行的决定（即使这些决定本身是好的）。这就是不公平的流程可以激起的情绪力量。

有的管理者认为公平的流程是件麻烦事，觉得这限制了他们管理的自由度，但他们必须明白，违背公平的流程，会对公司业绩造成巨大的破坏。报复的代价非常昂贵。

-观点概述-

仅仅几个月，一支模范员工队伍就退化成一群缺乏信任、满怀抵触情绪的乌合之众，工作表现一泻千里。为什么会这样？管理层发起了一个重大变革，却没有听取员工的意见，没有解释变革的原因，也没有澄清新的工作期望。

换言之，该公司忽略了流程的公平——决策过程中员工被重视、被尊重，基本需求得到关注。人们如果感到对他们产生影响的决策的制定过程是公平的，就会信任并配合管理人员。员工也会愿意分享想法，并愿意比本职工作做得更多。公司的业绩就会飙升。

奉行知识经济的组织流淌着信任和想法推陈出新的血液。公平的流程是根本，它帮助公司把员工的能量和创意引向组织的目标。

流程公平的好处显而易见，但很多公司却没有运用。为什么？一些管理者觉得它很危险，认为它会削弱自己的权威。他们和员工保持距离，是为了逃避员工对自己权力的挑战。有些管理者则相信员工关心的不过是什么对自己最有利而已。但证据表明，人们接受对自己不完全有利的结果，只要他们相信结果达成的过程是公平的。

-理念实践-

公平的流程在工作场合不是指多数人同意的、民主的决定。它的目的是追求最好的想法，而不是制造和谐。它包含以下三个原则：

- **联结互动——让大家参与决策，听取大家的意见，鼓励大家互相挑战彼此的观点**。联结互动传达了管理层对个人及其想法的尊重，从而获得集体的智慧。这个过程能产生更好的决定，让参与实施这个决策的员工更投入。
- **答疑解惑——澄清决定背后的思考**。解释可以让员工放心。即使员工自己的意见没有被采纳，也会认可管理人员已经考虑了他们的观点并且以公司的最大利益为中心做出了决定。
- **澄清期望——说明新的游戏规则，包括绩效标准、不达标的惩罚机制以及新的职责要求**。澄清期望可以减少耍手段或徇私的现象，促进员工专注在手头的工作上。

案例：艾柯电梯公司在面临需求下降的时候，决定设计更加高效的生产体系。它计划在彻斯特工厂引进这套体系。

彻斯特工厂是明星工厂，工会也自动解散了。艾柯的下一步计划是在高园工厂实施这个体系，该工厂的工会非常强大，对变革非常抵触。

为了减少对员工的干扰，艾柯公司的管理层没有让彻斯特工厂的员工参与新体系的设计，没有解释为什么变革是必需的，也没有澄清新的绩效要求。很快，关于裁员的谣言迅速蔓延，员工的信任度和工作投入程度不断下降，工厂车间纷争四起，产品质量严重下滑。

狼狈不堪之下，艾柯公司吸取教训，在高园工厂采取了不同的行动方案。管理层持续在全厂范围举行会议，说明实施新体系的必要性，鼓励员工帮助设计新流程，制定新的期望和要求。预想的员工抵触并没有发生，员工以信任的姿态拥抱了新的体系。

知识经济中的公平流程

公平的流程听起来是软性问题，但理解公平流程的价值对于管理者带领公司适应知识经济的要求而言至关重要。不同于传统的生产要素——土地、劳动力和资本，知识是存在于人的大脑里的资源。创造并分享知识是看不见的活动，既监督不了也强迫不了别人去做。只有当人们自愿配合时，它才会发生。正如诺贝尔经济学奖获得者弗里德里希·哈耶克所论证的：实际上每个人都拥有特殊的资讯，但只有当他“主动合作”时，这些资讯才能被利用。如何获得这种主动合作，可能会是未来几十年内最关键的管理问题之一（参见专栏“公平的流程在知识经济中的重要性”）。

公平的流程在知识经济中的重要性

在工厂厂房里很容易观察到公平流程的效果。公平流程缺失会产生显而易见的问题，如罢工、怠工、高废品率等。公平的流程会对专业工作和管理工作的质量产生更大的影响，那是因为在知识经济中，创新是最大的挑战，而创新需要的思想碰撞取决于信任。

管理人员和专业人员很少参加罢工，但他们在感到相互信任前，常常对合作有所保留，会隐藏他们的想法。在知识经济中忽视公平流程会带来很高的机会成本，表现为不把想法公之于众，不主动抓住先机。以下是一些例子。

为了开发一项重要的产品，一个跨部门团队成立了。由于团队成员来自各个部门，这个团队理应产出更具创意的产品，内部斗争更少，交付时间更快，成本更低。但这个团队聚在一起，毫无进展。一家电脑制造商在开发一种新的工作站，细致地应用了传统的管理手段——制定很好的激励机制、确定项目范围和架构、分配合适的资源。但是大家期待的信任、分享想法和尽心尽责地工作都没有发生。为什么呢？原来在项目初期，项目团队里生产部门和营销部门的代表提议先生产一个样品，但是推动项目的强势的工程设计小组忽视了这项提议。接下来，问题出现了，设计出来的产品难以生产，而且应用软件无法支持这个产品。生产部门和营销部门的小组成员一直都知道这些问题，但是他们没有主动向强势的工程设计师说出他们的顾虑，他们只是一直等问题自己浮现。这时，修复这些问题的代价已经很高。

两家公司成立了一家合资公司，对双方都有明显的好处。但它们都不把手中的牌亮出来，因为它们都认为对方不能给自己带来多大的价值。欧洲一家工程公司在中国的中方合资伙伴保留了一线的关键信息，不向欧洲公司报告客户在安装其产品时出现的问题，只是一味索要新产品的设计标准。为什么中方合资伙伴不能充分合作，即使这伤害了自己的业务？

原来在合作之初，中方感到在做主要产品和运营的关键决策时被拒之门外。更糟的是，欧洲合资方从来没有解释过他们做决策的逻辑。发现中方隐瞒关键信息后，已经很沮丧的欧洲合资方以牙还牙，放慢了中方急切需要的管理技术的转让速度。

两家公司建立供应合作关系，以更低的成本提升价值。两家公司同意像一家公司一样无缝合作，但是其中供应商一方却花了更多精力来开发其他客户，而不是加强彼此合作。例如，一家消费品生产商一直拖着不为一家大型食品零售商安装“顾客反应联合电子数据系统”。这个系统可以极大地改善双方的库存管理，但是消费品生产商对此非常谨慎。为什么呢？因为这家零售商曾经放弃过这家生产商的产品，却不给出理由。消费品生产商一直没能理解零售商制定的“首选供应商”的模糊标准。

弗雷德里克·温斯洛·泰勒并没有考虑过自愿合作。在19世纪末20世纪初，他开发了一大批工具，通过控制个人行为，迫使员工

服从管理者的命令，以提高效率和保持一致性。发源于泰勒“时间与动作”研究的传统管理科学，鼓励管理专注于分配资源，制定物质激励和奖励，监督和评估工作表现，通过操纵组织结构来划定权力。这些传统的管理手段虽然仍有用武之地，但对于鼓励主动合作毫无作用，相反，传统管理手段只在结果公平或社会学家称作“分配正义”的范围内适用。相应的心理过程是这样的：人们得到应得的报酬（或是资源，或是组织中的等级地位）时，会对结果感到满意。作为回报，人们百分百地履行他们对于公司的义务。而公平的流程建立起信任，信任产生自愿合作，自愿合作驱动业绩，引领员工超越职责去分享知识、发挥创意。在我们研究的所有管理情境中，我们持续观察到，无论员工做什么，都会表现出这种活力（参见图示“达成绩效的两条互补路径”）。

来看一下伯利恒钢铁公司马里兰州斯帕罗斯角分公司转型的案例。该分公司负责市场营销、销售、生产和财务分析。直到 1993 年，这家有着 106 年历史的分公司一直按传统的“命令—控制”风格来管理。员工只需做安排给他们的工作，不多也不少。管理层和员工视彼此为对手。

那一年，伯利恒钢铁公司斯帕罗斯角分公司引进了一套新颖的管理模式，这是泰勒完全不认识的模式。说来也巧，100 多年前，泰勒正是这家公司的咨询顾问。新的模式旨在激发员工主动的责任感，让员工之间以及上下级之间分享知识和想法。新模式还鼓励员工主

达成绩效的两条互补路径

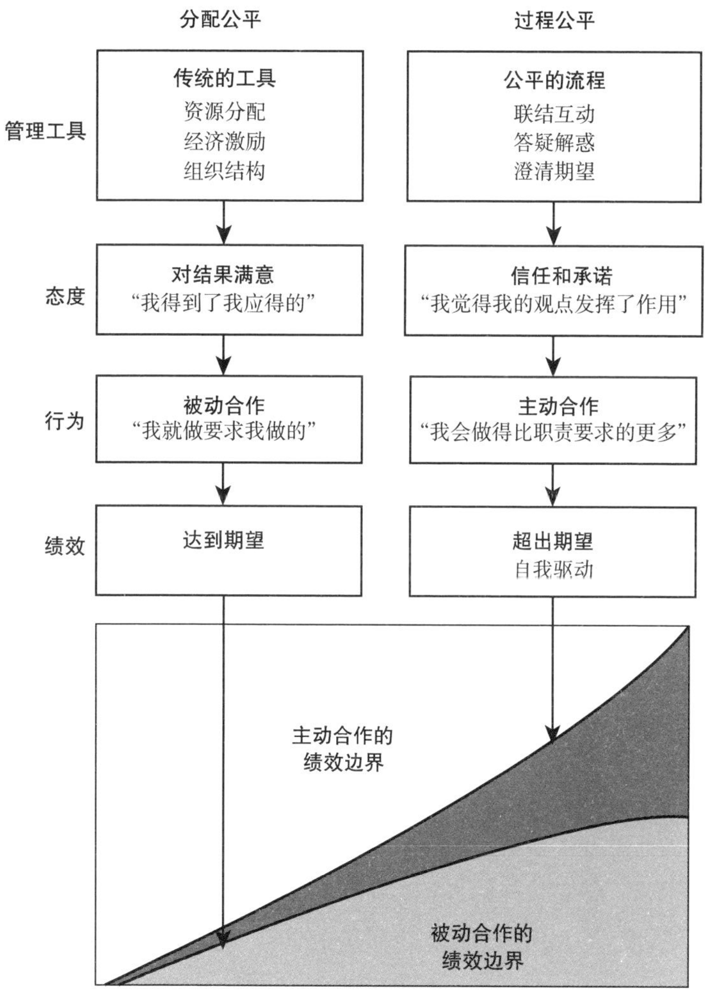

动采取行动完成工作。用乔 · 罗塞尔的话来说就是："新模式包含联结互动、答疑解惑和澄清期望。"乔是这家分公司 5 个工会中其中一个工会的主席。

在斯帕罗斯角分公司，员工在三个不同的层面参与决策和执行决定。最高层是一个联合领导小组，由高级经理和 5 名员工代表组成，处理全公司出现的问题。中级层面对应的是区域小组，包括主管经理和来自工厂各个区域的员工。区域小组处理日常客服、质量和物流等运营问题。临时问题解决小组由员工组成，应对在生产区域出现的机会和阻碍。团队成员在各个层面分享并讨论他们的想法，保证在做每一个可能影响员工的决定前，都能了解到员工的看法。除了牵涉重大变革或需要投入大量资源的决定，各个团队可以自己做出决定并实施。

斯帕罗斯角分公司使用大量的流程和方法，确保所有员工能够明白为什么做出这些决定以及如何执行。例如，他们有一块公告栏，所有决定都会张贴上去并做出解释，这样，没有直接参与决策过程的员工也能知道发生了什么以及为什么。另外，该分公司组织了 70 多场每场时长 4 小时的研讨会，每场都有 50~250 位员工参加，讨论分公司正在发生的变革，了解还在构思中的新想法，明确变革将如何影响他们的角色和职责。另外还有季度简报和每月工作报告，汇报分公司各个方面的表现，比如战略上的、市场营销方面的、运营以及财务方面的，这使分公司内的 5300 名员工得以了解最新情况。

团队间互相报告自己正在发起的变革，邀请对方帮助，使之成功落地。

公平的流程带来了员工态度和行为上的重大变化。例如，斯帕罗斯角分公司生产锡的车间，在1992年的业绩是最差的。但实施新模式后，一名员工说："大家开始变得主动，互相交流想法，都希望做出优秀的成绩，而不只是混混日子。就拿轻型电缆护套产品来说，我们曾经错失这样一个高附加值的产品，因为它的生产时间很长，会耽误业务单元里的其他车间。但当我们开始让所有人加入讨论，解释为什么要升级产品时，各种想法就冒出来了。一开始，大家的疑问是：如果这个产品以前曾遭遇瓶颈，难道现在就不会了吗？大家想出了一个新的办法，使用两个相连的车间而不是仅用一个车间来突破生产瓶颈。大家突然变聪明了吗？没有，我必须说，大家都开始上心了。"

斯帕罗斯角分公司引进这个新的工作方式，目的是促进员工思想上的认同和情感上的投入。结果显然大获成功。从1993年起，斯帕罗斯角分公司连续三年赢利，自20世纪70年代末以来这种情况还是首次出现。这个分公司成了当今知识经济中夕阳行业重获新生的一个样板。用斯帕罗斯角分公司一位员工的话说："我们知道公司正在发生的一切情况后，对管理层就更加信任，对工作就更尽心尽责了。大家开始做超出岗位职责要求的工作。

打破思维藩篱

公平的流程如此简单，作用如此强大，为什么大部分公司都不采用？很多管理者认为自己是公平的。但如果你问做一个公平的管理者意味着什么，他们大多会回答如何给予员工应得的权利，或给予员工需要的资源和相应的报酬。也就是说，这些管理者混淆了公平流程和公平结果这两个概念。即使少数管理者意识到了公平流程，也只能识别三个公平流程原则中的一个（较为人熟知的是“联结互动”），其他两个他们也不知道。

不能简单地将这种现象归因于缺乏了解，有两个根本性的原因可以很好地解释为什么公平流程如此少见。第一个有关权力。一些管理者仍然相信知识就是权力，只要严守自己知道的信息就能保持权威。他们隐含的策略是故意让成功和失败的标准模糊不清，这样就可以保留自己的管理裁量权了。其他一些管理者维持控制的方法是和员工保持距离，不做面对面的双向沟通，代之以发备忘录和各种表格，这样就可以避免自己的想法或权力受到挑战。这种风格反映出的是根深蒂固的行为模式，管理者很少能意识到自己是如何行使权力的。对他们而言，公平的流程是一种威胁。

第二个原因大多数人更意识不到，因为它涉及在很多人成长过程中信以为真的一个经济学假设——人们只关心自己的利益最大化。但是如我们所看到的，足够的证据表明，当流程被认为是公平的时候，大多数人会接受不完全有利于自己的结果。大家意识到工作需要妥协和牺牲，在需要时，他们会做出短期的个人牺牲以提高公司的长期利益。但是这种牺牲是有条件的，需要有公平的流程。

公平的流程触及人类心理学的一个维度，在传统管理实践中尚未被充分探究。然而每家公司都可以通过公平的流程与员工建立信任，充分发掘员工自愿合作的意愿。

（第一次发表于 1997 年 7—8 月）

开创全新市场空间

开创全新市场空间需要一种完全不同的战略思考模式。管理者应该系统性地超越边界进行思考，这样就能发现尚未开发的处女地，从而实现真正的价值突破。如果执着于战胜对方，竞争就会局限在仅仅对成本或质量，或对这二者一起，做些增量的改进。

硬碰硬竞争的激烈程度可以说是致命的，特别是在市场几乎没有增长空间或增长缓慢的时候。有此番遭遇的管理者异口同声地说不喜欢这样的竞争，希望自己可以有更好的选择。出于商业本能，他们通常知道创新是摆脱困境的唯一出路，但就是不知道从哪儿着手。有关创新型战略或创新性思考的所谓箴言，通常实践指导意义不大。

在将近十年的时间里，我们研究了那些创造出极高价值的全新公司，寻找这些公司创造全新市场或对现有市场再创新的模式，最后总结出了 6 条基本方法。这些公司创新成果的取得，都是用全新角度审视熟悉数据的结果，没有一个需要特别的远见或先见。

大多数公司侧重于和竞争对手抗衡或打败竞争对手，结果使自己的战略趋同于竞争对手的基本竞争维度。这些公司有一套相同的底层观念，即如何在我所在的行业或我的战略群组里竞争；有相同的传统认知，即谁是我的客户、客户看重什么、我所在的行业应当提供什么产品和服务。这些公司对如何竞争的传统认知越是一致，它们的竞争就越趋同。如果执着于战胜对方，竞争就会局限在仅仅对成本或质量，或对这二者一起，做些增量的改进。

开创全新市场空间需要一种完全不同的战略思考模式。管理者不要只在别人告诉你如何竞争的已知边界内思考，应该系统性地超越边界进行思考，这样就能发现尚未开发的处女地，那才是真正的价值突破。本文将讲述企业如何跨越传统定义的竞争边界，系统性地进行价值创新——研究替代产业、行业内的相似战略群、买方链条、互补的产品和服务、功能及情感对买方的触动，甚至时间的跨越。

研究替代产业

从更广的角度看，一家公司不仅和自己行业内的公司竞争，还和提供替代产品和替代服务的公司竞争。消费者做每一个购买决定时，潜意识里常常不自觉地会权衡各种替代品。去城里吃晚饭看演出，你可能要决定是开车去、坐地铁去还是乘出租车去。这个思考过程对于个体消费者和行业买家来说都是直觉反应。

但是我们成为卖方之后，不知出于什么原因，常常忽略了这种直觉思维。卖方几乎不会有意识地思考客户在不同行业提供的替代品中如何进行权衡。行业内竞争对手的一次调价、一个型号的变更甚至一轮新的广告宣传活动都会引起管理者的巨大反应，但发生在替代行业里的同样的行动却常常没有受到关注。行业杂志、行业展会以及消费者评估报告进一步筑实了横亘在不同行业之间的高墙。然而，替代产业之间的空间常常蕴含着价值创新的机会。

来看一下家得宝公司的案例。这家公司在北美带来了DIY（自己动手制作）市场的革命性创新。仅用了20年时间，家得宝公司的营业收入就达到了240亿美元，运营超过660个商场，创造了超过13万个新工作机会。到2000年，该公司预计在美洲开设1100家门店。家得宝公司如果只是从五金制品商店的市场中争夺份额，不会获得如此高水平的增长。不同的是，它从普通的房屋业主群体中开创了一个DIYer（自己动手干的人）的市场。

对于家得宝公司的成功，市面上有很多种解释：仓库的设计合理，店面租金便宜，受认可的服务，超大店面，低价形成的高销量，和经济规模等。这些解释都没有回答最根本的问题：家得宝公司从哪儿获得了最初的洞见，并以此为起点思考如何彻底改革和扩张它的市场？

家得宝公司研究了服务于房屋装修改善需求的现有行业，发现人们有两种选择：请一个承建商，或从五金商店买来工具和材料自己做。家得宝公司最初的关键洞见是理解买方选择其中一种而不选另一种方法的原因（关键是在行业层面分析，而不是在公司层面分析）。

为什么人们会请承建商？当然不是因为他们喜欢陌生人来到自己家里，还向自己收取昂贵的服务费，也不是因为他们喜欢跟公司请假，在家等着承建商上门。事实上，承建商只有一项决定性优势：具备房屋业主没有的特殊技能。

于是家得宝公司的高层定了一项使命：让那些只有有限的房屋装修技术的客户获得相应的技能和信心。家得宝公司雇用了具有丰富行业经验的人来做销售助理，这些人之前通常是木匠或油漆工。他们接受培训之后，能够带着客户一起完成任何一个房屋装修项目，比如安装橱柜、搭建层架等。另外，家得宝公司还赞助设立了“店内服务站”，教客户拉电线、做木工及安装管道等。

为了理解家得宝公司的整套机制，我们来看另外一面：为什么人们选择五金店而不选承建商呢？最常见的回答是为了省钱。大部分人不需要五金店那些会增加费用的特点，即门店位置好、就近服务、商品展示好看等。家得宝公司于是取消了这些费钱的特点，使用自助服务的仓库模式，降低了管理和维护成本，形成了购买的规模经济，并把断货情况降到了最低水平。

家得宝公司本质上提供了专业房屋承建商的技术，价格还比五金店低得多。通过这个兼具两个替代行业优点的决定性优势，减少其他不必要的特征，家得宝公司把翻新房屋的巨量潜在需求变成了真实的需求。

Intuit软件公司改变了许多个人和小企业管理财务的方式，它也是通过思考客户如何在替代产品之间权衡而获得了价值创新的洞见。它的Quicken软件能更好地了解、整理和管理个人财务。每个家庭每个月支付各种账单的过程繁重乏味，因此个人财务管理软件理应有一个广阔的市场。但是在Quicken问世之前，很少人使用软件把财务管理工作自动化。在Quicken问世的1984年，当时已有的42款个人财务管理软件都还没敲开这个市场的门呢。

为什么？正如Intuit软件公司创始人斯科特·库克所说的：“最大的竞争并不在我们的行业内。我们的对手是铅笔。铅笔真是一个又硬又韧的替代品，但我们整个行业都忽略了它。”

询问买方为什么购买不同的替代品，让Intuit软件公司有了一个重要的洞察：铅笔有两个优于电脑软件的决定性优势，即价格出奇得低和使用极其简单。现有的售价大约为300美元的软件太昂贵了，而且用起来很麻烦，交互界面充满令人望而生畏的会计术语。

Intuit软件公司着手开发电脑软件优于铅笔的两个决定性优势（快速和准确），以及铅笔优于电脑的决定性优势（易用和便宜），同时剔除或减少了其他因素。Quicken软件的界面类似于支票簿，非常友好，比铅笔快多了，也准确得多，用起来非常简单。Intuit软件公司剔除了会计术语和行业惯常用来竞争的所有复杂特征。它只提供多数客户使用的几个基本功能。简化软件降低了成本。Quicken软件的零售价大约为90美元，比其他同类软件价格低了70%。无论是铅笔还是其他软件，都无法与Quicken差异显著的价值曲线竞争。Quicken软件创造了突破性的价值，重新塑造了行业，市场扩大了近100倍（参见专栏“创造新的价值曲线”）。

创造新的价值曲线

价值曲线表示一家公司或一个行业给客户设计产品和服务的方式，它是一个非常有用的用来指导开创新市场空间的工具。价值曲线是这样制作的：先定义一个行业或品类在竞争中获得成功的要素，然后把自己要提供的产品和服务在这些要素上的表现与其他产品和服务进行比较。

为了确定用于比较的其他产品和服务，Intuit软件公司研究了行业内管理个人财务的软件，也研究了其他替代产品，以了解客户做选择的原因。个人财务管理软件最大的替代产品是无足轻重的铅笔。这两个选择的价值曲线画出了现有的竞争空间。

Quicken软件出现之前个人财务管理领域的价值曲线

软件速度相对更快、更准确，但是客户常常选择铅笔，因为它具有便宜和易用的优点。客户基本不会用软件的其他功能，那些功能增加了产品的成本和复杂度。

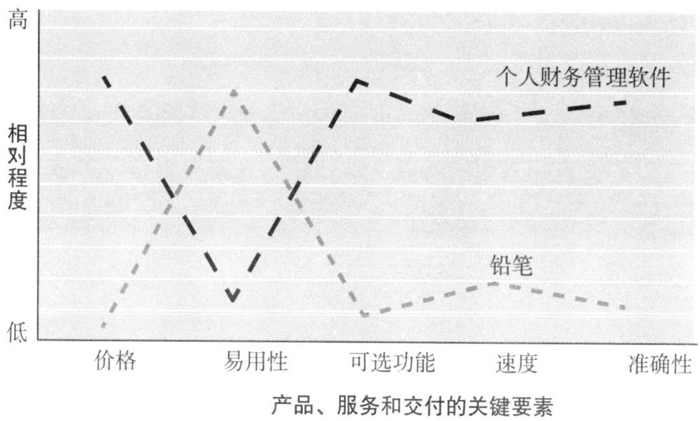

发现新的价值曲线的关键在于问 4 个基本问题：

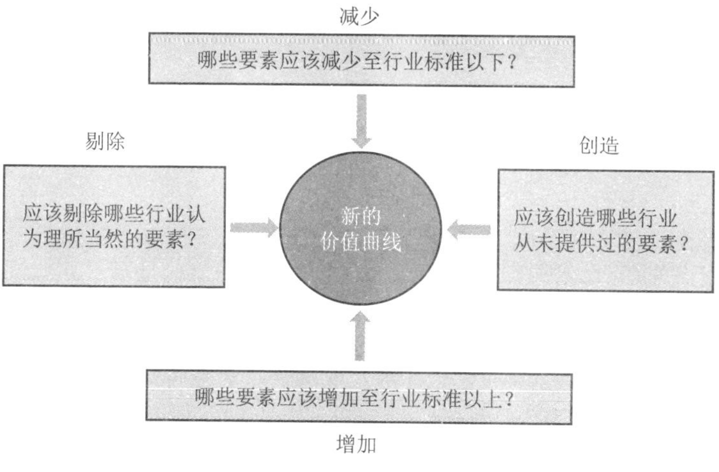

Quicken 软件的价值曲线

通过回答这 4 个问题，Intuit 软件公司创造了新的价值曲线，把铅笔便宜和易用的特点，与传统个人财务管理软件的速度和准确性结合了起来。

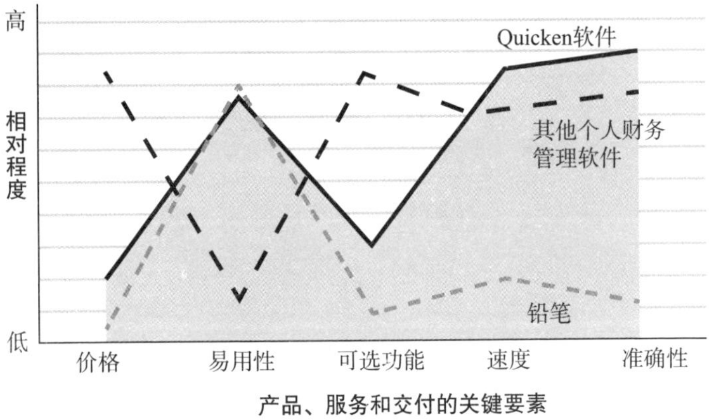

Intuit 软件公司把替代品放在一起思考和研究，这种方式还有更多可学习之处。在寻找与自己的产品和服务具有同样功能的替代品时，Intuit 软件公司本可以关注帮个人处理财务事务的私人会计公司。当替代品多于一个时，聪明的做法是研究用量最大和销售额最大的。这么说吧，更多美国人用铅笔管理个人财务，而不是用会计师来管理！

在过去的10年里，许多广为人知的成功公司，就是通过研究替代产品开创新市场而大获成功的：联邦快递公司和联合包裹服务公司邮寄信件的速度堪比打电话，西南航空公司把自驾车随时发车的便利性和低成本与飞机飞行的快速结合起来。值得注意的是，西南航空公司只把自驾车作为相关替代品，而不是其他路面交通工具（比如大巴），因为只有少数美国人乘坐大巴长途旅行。

研究行业内的相似战略群

研究替代产品常常可以发掘出新的市场空间，研究相似战略群也可以达到同样的目的。战略群指的是一个行业内追求类似战略的一组公司。在很多行业里，公司间最关键的战略差异在少数几个战略群里都涵盖了。

战略群大致可以按价格和业绩两个维度来排序。价格每跳上一个级别，业绩维度就会相应跳上一个级别。很多公司非常关注自己在一个战略群里的竞争地位。在既有的战略群里开创新市场，必须了解哪些因素影响了买方的决定，买方为什么在不同的战略群里向上或向下购买。

以拉夫劳伦公司为例。拉夫劳伦创立了一个全新而又矛盾的服装市场：不跟潮流，却引领潮流。拉夫劳伦的全球零售收入超过50

亿美元，是美国第一家成功把品牌推向全世界的服装设计公司。

三十多年前当拉夫劳伦刚进入市场的时候，时尚行业内几乎每个类别的专家都批评这家公司：哪有什么时尚啊？设计上缺乏新意，怎么可以卖这么高的价格？然而，这些批评它的人都买拉夫劳伦的衣服，每个地方的有钱人也买。拉夫劳伦缺少时尚感正是它最大的优势，它的决定性优势来自两个占据高端服装市场的战略群：高级定制时装，以及量大且性价比高的经典款（如博柏利、布克兄弟、雅格狮丹等）。

人们为什么决定向上购买高级定制时装或向下购买经典款服装？大多数顾客不会为了所谓的时尚购买高级定制时装，时尚像一阵风似的很快就过了；也不乐意做冤大头，为一件T恤支付500美元的荒唐价格。他们购买高级定制服装是为了获得情感价值，因为衣服上印有专属设计师的名字，这个名字表达的意义是：我很特殊，我欣赏生活中美好的事物。他们也看重衣服的材质和精美工艺带来的奢华感受。

具有讽刺意味的是，时装公司努力打造的时髦设计是高级定制服装的最大缺陷：那些高端客户的气质或身材配不上这些设计独特的衣服。相反，那些向下购买经典款的顾客需要的是对得起高价格的经久品质。

拉夫劳伦公司在这两个战略群中间创建了自己的品牌，但并不只是把两个群的差别平均一下，而是同时抓住了向上购买和向下购买的优点。它有设计师的名字，店面很雅致，衣服用料很奢华，这些都抓住了购买高级定制时装的顾客的需求；它的最新经典款和相对便宜的价格抓住了经典款服装的优势。把这两个战略群最吸引人的因素结合在一起，剔除或减少所有其他因素，拉夫劳伦服装不仅获得了来自这两个细分市场的份额，还吸引了很多新顾客。

很多公司通过研究不同的战略群发现了新的市场空间。丰田汽车公司的雷克萨斯系列开创出了一片新天地，就是因为同时提供了奔驰、宝马和捷豹这类高端汽车品牌的质量，及接近凯迪拉克和林肯这类汽车品牌的相对低价。再看看索尼随身听。索尼公司把手提录音机的音响效果和酷形象，与晶体管收音机价格低、身形小和重量轻的特点结合起来，在20世纪70年代末开创了随身听市场。随身听瓜分了这两个战略群的市场份额，而且它的价值飞跃吸引了跑步爱好者和通勤一族成为新用户。

总部在美国密歇根州的Champion公司也在房地产行业的两个战略群之间找到了类似的机会，这两个战略群是预制房屋制造商和实地开发商。预制房屋便宜、建造速度快，但因为标准化建造，显得简陋，给人以质量低的印象。由开发商实地建造的房子，提供了多种选择，给人以高品质的印象，但价格贵得多，而且建造时间长。

Champion公司基于这两个战略群的决定性优势开创了一个新的市场空间。它的预制房屋可以很快建好，因为有巨大的规模经济效应，所以价格低廉，但它也允许买家选择壁炉、天窗甚至拱形天花板。Champion公司从根本上改变了预制房屋的定义。结果是更多的中低收入消费者有兴趣购买预制房屋，不再租房或购买公寓，甚至一些有钱人也被吸引到这个市场来。

跨买方链条

在很多行业，竞争对手对“谁是目标客户”的定义是相同的，因而会产生同质化竞争，但事实上，市场上存在着一个直接或间接参与购买决策的客户链。付钱买产品和服务的“采购者”可能不是真正的“使用者”，有些情况下还另有重要的“影响者”。这三个群体可能互相有重合的部分，但并不相同。

这三个群体参与购买的时候，对价值的定义常常不同。比如，一个公司的采购经理可能更关心价格而不是公司里的用户，而用户可能更关心使用的简便程度，零售商则看重厂商能及时补货和新颖的财务管理方式。消费者虽然受渠道的影响极大，但对这些毫不在乎。

行业里的各个公司通常以不同的客户群体为目标，例如大客户和小客户。但是整个行业通常聚焦在某个单一的买方群体上，例如，药品行业绝大多数侧重于影响者，即医生群体，办公设备行业集中瞄准了公司的采购部门，服装行业则主要卖给使用者。这些做法作为行业惯常做法，从未受到过质疑。

挑战行业内关于“谁是目标买方群体”的传统智慧，可以帮助发现新的市场空间。通过研究不同的买方群体，企业可以获得新的洞见，重新设计它们的价值曲线，关注此前忽略了的客户。

以彭博社为例。只用了十年时间，彭博社就成为世界上最大、最赚钱的商业信息提供者之一。彭博社成立于20世纪80年代初，在那之前，路透社和德励财经占据着线上金融信息市场，给经纪人和金融投资社区提供实时新闻和价格信息。这个行业关注采购者，即IT（信息技术）经理，他们关心的是标准化系统，这能让他们自己的工作更轻松。

这在彭博社看来毫无道理。每天给客户赚取或亏损几百万美元的，是交易员和分析员，不是IT经理。套利空间来自信息不对称，当市场非常活跃时，交易员和分析员必须快速做决定，每一秒都极其关键。

因此彭博社专门给交易员设计了一个价值更高的系统：有简洁易用的终端和标着常用金融术语的键盘。这个系统还有两块大显示屏，交易员可以一眼看到所需的全部信息，无须打开或关掉多个视窗。由于交易员必须先分析信息再采取行动，彭博社就在系统里内置了一个分析功能，只需按一个键就可以完成分析。以前交易员和分析员必须先下载数据，然后用铅笔和计算器进行重要的金融计算。现在他们只需快速地运行“如果……就……”这个场景，就可以计算不同投资的回报了，并且可以进行历史数据的纵向对比。

以用户为中心，彭博社还看到交易员和分析员个人生活的一个矛盾，即他们挣了非常多的钱，但工作时间很长以至于没有时间花钱；市场交易期间有一些时段的交易量也极少。于是彭博社决定增加一些购物信息和服务来提升交易员和分析员的生活质量。他们可以在系统上购买各种物品，如鲜花、衣服和珠宝；还可以安排旅行计划、获取红酒信息或搜寻房地产挂牌信息。

通过把注意力从上游的采购者转移到用户本身，彭博社开创了行业内前所未有的价值曲线。交易员和分析员运用他们在公司的权力，要求IT经理购买彭博社的终端。彭博社不仅从竞争对手那里抢走了客户，还扩大了市场。“我们不是做非此即彼的生意，”创始人迈克尔·布隆伯格说，“我们的客户有能力购买两个产品。很多客户除了购买其他财经新闻公司的服务，还同时购买我们公司的产品，因为我们公司提供了不一样的价值。”（参见专栏“彭博社创始之初的价值曲线”。）

彭博社创始之初的价值曲线

为了建立它的价值曲线，彭博社研究了采购链条上的IT经理和交易员。传统上，采购财经信息系统的人是IT经理，而交易员是直接使用系统的人。彭博的价值创新在于既大幅提高了易用性，又创造了许多新的特征，例如线上分析功能，这些是交易员而不是IT经理关心的。

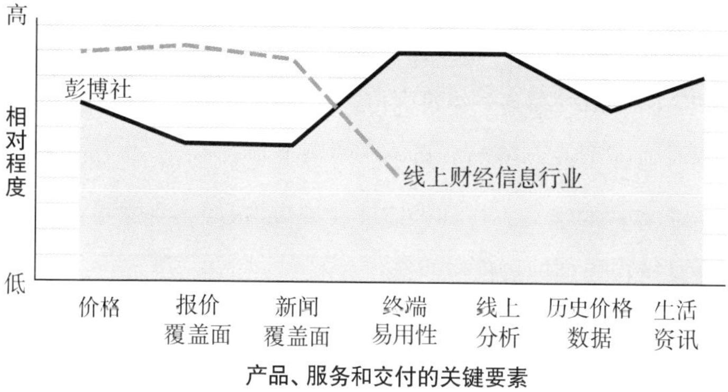

飞利浦照明公司是荷兰皇家飞利浦电子公司在北美的分部，它通过把下游业务从采购者向影响者转移，重塑了其工业照明业务。传统上，这个行业关注的是客户公司的采购经理。采购经理的采购标准是灯泡的价格和使用寿命。行业内的每个公司都在这两个方面硬碰硬地竞争。

当把关注对象转向CFO（首席财务官）和公关人员这些影响者时，飞利浦照明公司了解到灯泡的使用寿命不是照明的所有成本。由于灯泡含有对环境有害的物质——水银，客户公司在灯泡坏掉后要花高价处理。采购部从来不知道这个情况，但是CFO知道。于是在 1995 年，飞利浦照明公司推出了对环境友好的灯泡Alto，然后向CFO和公关人员推广，利用这些影响者来促进销售。Alto灯泡不仅降低了客户的总成本，还使客户因推动环境保护获得了正面报道。Alto灯泡开创的新市场毛利很高，销量增长迅速，很快就取代了广泛用于商店、学校和办公建筑内传统的T-12 日光灯 25%的用量。

许多行业里存在类似的机会，可以开创新的市场空间。只要质疑对传统客户的定义，找到谁能够、谁应该是真正的目标客户，公司就常常可以看到创造价值的全新方法。

研究互补的产品和服务

几乎没有产品和服务会与世隔绝。大多数情况下，其他产品和服务会对其价值产生影响。在很多行业里，竞争对手们在行业产品和服务的有限范围内趋于同质。以电影院为例，能否找到临时看护小孩的保姆，影院附近停车是否容易，停车费用是否昂贵，都会影响人们考虑是否值得去看电影。虽然这些补充服务并不是影院行业传统意义上的服务项目（几乎没有影院运营公司会考虑找保姆有多难多贵），但它们应该想到，否则对自己的业务需求将产生影响。

未开发的价值常常隐藏在互补的产品和服务里，关键是要明确买方在选择产品和服务时寻求的全套解决方案。最简单的方法是考虑在使用你的产品之前、之中和之后会发生什么。找人看护孩子和找到停车位是去看电影之前需要做的；运行软件和应用软件是在使用电脑硬件的同时使用的；在航空业，地面交通是在飞机降落后使用的，显然它是乘客从一个地方到另一个地方所需服务的一部分。

公司开创新的市场空间，可以把火力对准那些削弱了你的产品和服务价值的补充品。来看看美国鲍德斯书店和巴诺书店。在 20 世纪 80 年代末，美国人读书越来越少，美国的零售书店行业呈现衰退之势。大型连锁书店陷入激烈的竞争，小型独立书店则更加岌岌可危。

在这样的背景下，鲍德斯书店和巴诺书店创造了一种新的书店形式——超级书店，让整个行业重新焕发生命力。它们两家之中的任何一家进入任何一个市场，书的销量都会增长 50%。

传统的书店被狭隘地定义为只卖书。人们在书店买到书后就离开。鲍德斯书店和巴诺书店却脑洞大开，想到了人们来买书所需要的全面体验：在意终身学习和发现新事物带来的快乐。是的，这个快乐和买书的动作相关，但还包括其他相关活动：搜索和发现，评估想买的书籍是否值得购买，快速品读不同的书籍等。

传统连锁书店对顾客而言效率很低，很不方便。它们的员工被训练成收银员和存货管理员，没人会帮助顾客找到对的书。小书店可选择的书籍有限，有的书名很吸引人，但内容差强人意，来不及读书评或没有得到朋友推荐书单的人不大可能光顾这些书店。这些书店还有个规矩，不让打开书的包装浏览，迫使顾客冒险买下一本书，只有把书买回去才会知道是否喜欢。另外，传统书店还假定，书只能买回去在家读。可是人们生活越来越繁忙，家已经不是能够享受一本好书的宁静绿洲。

鲍德斯书店和巴诺书店发现了隐藏在买书的互补活动中的价值，聘用有深厚书籍知识的店员帮助顾客选书（许多员工拥有大专以上学历，而且都是狂热书迷），甚至给这些店员发放每月书籍津贴，鼓励他们在业务空闲时间读书。

超级书店藏书超过 15 万册，一般书店只有 2 万册左右。超级书店配备有扶手椅、书桌、沙发，鼓励人们坐下来慢慢阅读，而不要蜻蜓点水似的翻看一两本书。它们在书店里设置了咖啡吧，播放古典音乐，扩大了书架间距，让人们陶醉其中。超级书店一直营业到深夜 11 点，是一个安静夜读的放松之处，而不只是买完就走的地方。（参见专栏“零售书店的价值创新”。）

零售书店的价值创新

鲍德斯书店和巴诺书店研究了互补的产品和服务，在零售书店行业创造了新的价值曲线。它们的超级书店提供了极大的书籍选择；店员有较高的知识水平；延长了营业时间，大大超出行业标准；同时还降低了价格，打造了全新的阅读环境。

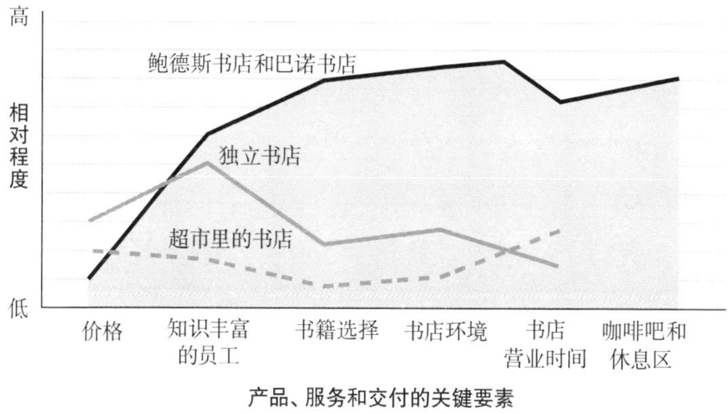

超级书店重新定义了书店提供服务的范围，把产品从书本身转变为阅读的愉悦和智力的探索。不到 6 年时间，鲍德斯书店和巴诺书店就成为美国最大的两家连锁书店品牌，加起来共有 650 家超级书店。

我们还可以举出很多通过这条路径开创新市场空间的例子：维珍的门店融合了CD光盘、录像、电脑游戏和音响设备，来满足消费者全部的娱乐需求；戴森公司设计了一款吸尘器，用户不再需要购买和更换内置垃圾袋，省钱又省事；捷利康公司（Zeneca）的萨里克癌症中心把所有癌症治疗项目都集中在一家专业中心，这样病人就无须从一家专业中心跑到另一家专业中心，逐个预约所需的治疗项目了。

研究功能及情感对买方的触动

行业内的竞争不仅在产品和服务范围的既定观念上趋同，而且在可能打动买方的一两个触动点上也趋同。有的行业主要在价格和功能上竞争，大体上基于对效用的计算，它们对买方的触动是理性的。有的行业主要在感觉上竞争，它们对买方的触动是感性的。

然而许多产品和服务打动人的地方很少会非此即彼。非此即彼现象是一直以来各家公司竞争的结果，在潜意识里引导着客户对产品和服务的期待。这些公司循环往复地不断加强对客户期望的影响。时间长了，功能导向的行业变得更加以功能为中心，情感导向的行业更加以情感为中心。无怪乎市场调研很难再对客户的真正需求有新的洞察，因为行业已经引导了客户的期望。

公司如果愿意挑战其行业的功能或情感导向，就能发现新的市场空间。我们观察到了两种常见的模式：情感导向的行业提供了多余却能抬高价格的功能，剔除这些多余的功能就能创造出更简单易用、成本更低的业务模式，就会受客户欢迎；相反，功能导向的行业可以通过增加一些情感因素来给产品注入新的生命，刺激新的需求。

看一下星巴克是如何把功能性产品转化为情感性产品的。20世纪80年代，通用食品公司、雀巢公司和宝洁公司占据了美国咖啡市场。消费者把喝咖啡当作日常生活的一部分。咖啡由于销量大，被看作大宗商品，行业特点是常常大幅降价以及为争抢市场份额而鏖战不止。行业引导顾客购买时考虑价格、打折券和品牌（品牌建设费用高昂），结果导致利润薄、增长慢。

星巴克没有把咖啡看作功能性产品，而是着手赋予咖啡情感体验，顾客称之为“咖啡因铺就的乐土”。三大巨头卖的是商品，即罐装咖啡；星巴克玩的是零售概念，即咖啡店。咖啡店提供雅致的聚会场所、身份象征、休闲方式、聊天氛围以及创意咖啡饮品。星巴克把咖啡变成一种情感体验，并把普通人变成咖啡品鉴行家，因而顾客认为3美元一杯的价格也是合理的。几乎没做任何广告，星巴克就成了美国国内知名品牌，其利润约为行业平均水平的5倍。

斯沃琪集团（Swatch）把星巴克在咖啡行业的创新用在了其经济型手表上。经济型手表长期以来只是功能型产品，买来就是为了看时间。西铁城（Citizen）和精工（Seiko）两家手表公司是行业的领先企业，它们在功能改进上展开竞争，或使用石英技术提高准确性，或使用电子显示器，这样读取时会更方便。斯沃琪的做法是把经济型手表变成时尚穿戴配饰。

纳沙泰尔（SMH）是斯沃琪集团在瑞士的母公司，它在意大利成立了一个设计实验室，把手表变成时尚的象征，把领先技术和时尚幻想结合在一起。“手表戴在手腕上，衬托着皮肤，”斯沃琪集团主席尼古拉斯·海耶克解释说，“它对你的形象非常重要。我相信如果在我们的产品上加入真实情感，传达明确的信息，我们就可以成功地成为行业主导者，开创一个强大的市场。”在斯沃琪出现之前，人们通常只买一块手表，斯沃琪让购买多块手表成了新时尚。在意大利，每个人平均拥有 6 块手表，用于搭配不同的心情和着装。

与星巴克相比，美体小铺（the Body Shop）以向相反方向转变的方式开创了新的市场空间，即从情感触动转向功能触动。化妆品行业最强调以情感为导向，出售产品的同时出售魅力、美丽、希望和梦想。平均而言，化妆品公司花在包装和广告上的费用占了总成本的 85%。

剔除以情感打动顾客的元素，美体小铺节省了巨大的成本。深知顾客不能从花费巨大的包装上得到实用价值，美体小铺使用了简单且可重复灌装的塑料瓶。美体小铺花在广告上的费用也很少，同样因为顾客并不能从广告上获得功能性的价值。简而言之，美体小铺完全不像一家化妆品公司。它强调自然的成分和健康的生活，别具一格、简单明了，顾客凭常识就会被它吸引，因而开创出了一个新的市场。而该行业常用的口号是“试过，你才知道真实效果”。（参见专栏“美体小铺是一家化妆品公司吗？”）

美体小铺是一家化妆品公司吗?

美体小铺重新考虑了所在行业传统上打动客户的基本因素,创造了一条完全不同的价值曲线,这让它看起来完全不像一家化妆品公司。以功能而不是以情感打动人,美体小铺降低了价格和包装费用,还减少了化妆品迷人气质的噱头,却创造了全新的着力点——自然成分和健康生活。

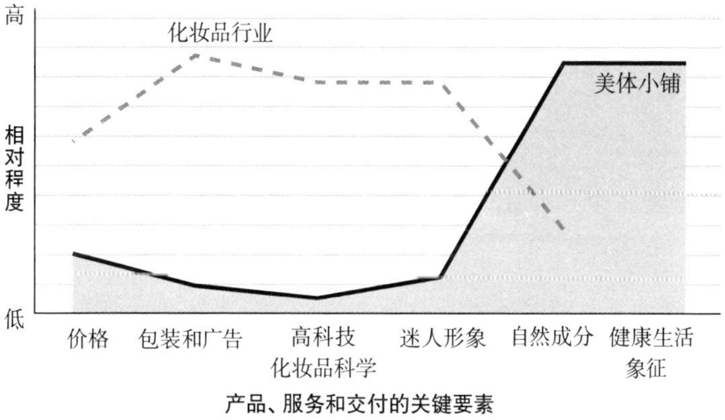

有许多服务行业根据这个范式进行着市场创新。关系型业务,如保险、银行和投资公司,极其倚重经纪人和客户之间的情感纽带。现在,它们改变的时机已经成熟了。例如,英国直线保险公司(Direct Line Insurance)推断客户不需要经纪人提供的手把手服务及情感安慰,公司只需要把快速理赔和取消繁文缛节等工作做得更好。因此它取消了经纪人和地区分公司，利用IT技术改善理赔服务，把节省下来的费用通过降低保费的形式返还给客户。在美国，指数型基金先锋集团（Vanguard Group）和金融经纪服务公司嘉信理财集团在投资行业也做着同样的事情，它们的新市场空间来自把基于个人关系的情感导向型业务转型为高效、低成本的功能性业务。

-观点概述-

当你所在的市场竞争非常激烈时，创新就是突围的唯一出路。但怎么开始呢？考虑价值创新，这是我们于1997年在《哈佛商业评论》上发表的文章中提出的一个战略概念。价值创新者创造出没有直接竞争对手的产品和服务，并用这些产品和服务开创和占领新市场空间。他们没有特别的远见或预知未来的能力，只是跨过了传统竞争的边界，寻找机会为客户提供突破性价值。

例如Intuit软件公司，1984年该公司开始在其行业外寻找帮助客户管理其个人财务的其他可能的选择。消费者有什么选择呢？一个是电脑自带的又贵又复杂的财务管理软件，另一个是无足轻重的铅笔，它虽然不能让事情变得简单，也不能节省时间，但胜在便宜和易用。Intuit软件公司创造了第三种可能的选择，就是大获成功的Quicken软件。该软件使用界面友好，只有基础功能，价格不贵，在普通工薪阶层可承受的范围内。Quicken软件同时利用了电脑的优点（快速和准确）及铅笔的优点（易用和便宜）。

价值创新者一开始就没有竞争对手，因而可以获得高速增长。以星巴克为例，它把咖啡这么一个功能性产品转变成了情感性产品。它的连锁店面犹如“咖啡因铺就的乐土”，提供雅致的聚会地点、休闲方式和有创意的咖啡饮品。星巴克获得了5倍于行业平均水平的利润。

-理念实践-

要发现价值创新机会，可以考虑以下几个方法。

研究相似战略群。战略群是指一个行业内采取相似战略的一组公司，比如定一个比较低的价格或为消费者提供有吸引力的形象。大多数公司致力于在自己的战略群内提高竞争地位，但若要开创新的市场空间，需要找到让客户决定从一个战略群转向另一个战略群，向上或向下购买的原因。

案例：索尼公司开创了一个新的市场：随声听。随身听的优点来自两个战略群：手提录音机生产商和晶体管收音机生产商，前者的产品音响效果好、形象酷，后者的产品价值在于便宜、体积小、重量轻。随声听抢占了这两个战略群的市场份额，还吸引了新的客户群，例如跑步爱好者和通勤一族。

研究买方链条。不要只瞄准单个显而易见的客户群，而要看参与购买决定的其他买方群体。被忽略的买方群体看重的特征与目标客户的不一样，因而提示了新的创新机会。

案例：当其他在线财经信息提供商还在服务于证券公司的IT部门经理时，彭博社已经开始服务于交易员和分析员了。彭博社设计了一个系统，向这些被忽视的买方提供各种工具，使其快速接收财经信息并迅速做出行动。这个系统包括带有常用的财经术语标记的键盘、一键搞定的分析功能以及能够同时操作多重任务的双屏幕。这个系统还改善了交易员的个人生活质量——为经常加班的交易员提供购物服务，在交易日空闲的时间里，他们可以在系统上购买鲜花、衣服和珠宝。

研究互补的产品和服务。挖掘潜藏在其他行业里的影响你的产品和服务的价值。设计买方在选择产品和服务时所需的全面解决方案，包括他们在使用你的产品之前、之中和之后的需求。

案例：有着大得惊人的店面的鲍德斯书店和巴诺书店，把产品从书转型为愉快的阅读享受。咖啡吧，宽大的书架间距，舒适得让人不想起身的扶手椅，对书籍了如指掌的店员协助顾客选书，营业至深夜，让人可以暂时逃离家庭的烦扰，享受几晚安静的夜读时光。

研究时间的跨越

所有行业随着时间的推移都会受到外部趋势的影响。想想快速崛起的互联网和全球环境保护运动吧。以恰当的角度看待这些趋势可以打开创意，开创出新的市场空间。

许多公司都是在有些被动地适应着时代变化。无论是新技术出现还是重大法规变化，管理者都倾向于预测趋势本身，他们会问技术朝哪个方向发展，技术将得到怎样的应用，技术是否会形成规模。他们的行动节奏只是跟上趋势的发展而已。

然而进入新市场空间的关键洞见并非来源于预测趋势本身，而是来源于洞察到这个趋势将如何改变客户价值。通过跨越时间的分析——从今天市场提供的价值到明天市场可能提供的价值，管理者可以积极地构建业务的未来并拿下新的市场空间。跨越时间的研究可能比之前讨论过的几个方法更难，但只要秉持同样严谨的态度，也是可以做到的。我们说的并不是预测未来，这根本不可能。我们指的是从今天可观察到的趋势里发掘出洞见（参见表格“改变战略重点”）。

改变战略重点

从硬碰硬的竞争到开创新市场空间

竞争的传统边界	硬碰硬的竞争	开创新市场空间
行业	关注行业内的对手	研究替代行业
战略群	关注自身在战略群内所处的竞争地位	研究行业内的相似战略群
买方	注重更好地服务于买方	重新定义行业内的买方群体
产品和服务范围	注重在行业边界内最大化产品和服务的价值	研究在行业边界外互补的产品和服务
功能或情感导向	注重在维持行业定义的功能或情感导向的基础上改善价格和表现	重新思考行业的功能与情感导向
时间	注重适应正在发生的外部趋势	随时间变化参与塑造外部趋势

跨越时间分析趋势有三个重要原则，也是形成新的价值曲线的基础：这些趋势必须对你的业务具有决定性，必须是不可逆的，必须有清晰的轨迹。许多趋势在任何时候都可以被观察到，比如技术过时、新生活方式兴起、法规或社会环境改变等，但通常只有一两个会对特定的业务产生决定性影响。有些趋势或重大事件可能被看见，但实际走势却无法被预测。比如 1998 年不断加剧的亚洲金融危机就是一个对金融服务业产生了巨大影响的重要趋势，但它的发展方向却不可能被预测，因此展望这个趋势可能带来的新价值曲线是有风险的。相反的例子是，当欧元取代欧洲各国货币并逐渐沿稳定的轨迹发展时，就是一个决定性的、不可逆的、有清晰发展轨迹的趋势，金融服务业就可以借此开创新的市场空间。发现了这类特征后，管理者就可以跨越时间分析，问问自己如果这个趋势按逻辑发展成应有的结果，市场将会是什么样子。再从这个未来的新价值曲线往回看，管理者就能确定今天必须做出哪些改变，才能释放出更多的消费者价值。

看一下安然公司（Enron）的例子。这是一家总部在美国得克萨斯州休斯敦市的能源公司。在 20 世纪 80 年代，安然公司的业务以天然气管道为中心。当时，美国政府刚刚放宽了对电信和交通行业的监管，所以对天然气行业放宽监管的意图几乎不可能逆转。这对安然公司当然具有决定性作用。不仅趋势不会逆转，其按逻辑发展的结果也是可预测的：价格管控将结束，美国国内天然气市场的垄断将被打破。安然公司评估了现在的市场和将来的市场，获得了开创新市场空间的洞见。

当美国国内天然气市场垄断被打破，安然就可以从美国任何一个地方采购天然气。当时，天然气价格在不同区域存在巨大差异，例如，纽约和芝加哥的天然气价格比俄勒冈州和爱达荷州的贵很多。安然公司看到放宽监管将有可能形成一个全国市场，在价格低的地区买入天然气，到价格高的地区卖出。它通过检验放宽监管后天然气市场将如何运作，找到了在全美开发这个隐藏的巨大价值的方法。

于是，安然公司与政府代理人一起推动放宽监管。安然在全美并购了许多区域性的天然气管道公司，把它们联合在一起，创建了一个全美天然气市场。这使得安然公司能够从北美大量气源中购买价格最低的天然气，而且它在行业内的运营范围最广。安然公司成了北美最大的天然气运输商，客户也获得了更可靠的产品交付，价格也比以前低了 40%。

思科公司也通过类似的方法开创了新的市场空间，这源于一个决定性的、不可逆的、有清晰发展轨迹的趋势——对高速数据交换的需求不断增长。思科看到现在这个世界被缓慢的数据交换速度和不兼容的电脑网络阻碍，而互联网用户的数量以大约每 100 天翻一倍的速度增长（可能还有其他因素影响）。思科非常清楚地知道问题会无可避免地恶化，因此它设计了路由器、交换机和其他网络设备，提供无缝衔接的网络环境下的高速数据交换，为客户带来了突破性价值。这样，思科对于价值创新的洞见就如其技术洞见一般领先。

今天80%的互联网流量是通过思科的产品传输的，它在这个新市场空间的利润高达60%。

重振大公司

开创新的市场空间不只对初创公司很重要，对大公司的繁荣及生存也很重要。以丰田汽车公司为例，雷克萨斯系列在推出市场后的三年内，其利润占了整个丰田公司利润的近1/3，而其销量只占了2%。此外，雷克萨斯系列还提升了丰田公司所有轿车系列的品牌形象。再看看索尼公司。在过去20年里，对索尼公司的盈利性增长和公司声誉贡献最大的是它的随身听。自1997年推出以来，随声听占据了个人便携式音响市场的大半江山，在全世界范围内对索尼公司其他产品线形成了积极的溢出效应。

同样，看一下纳沙泰尔手表集团的例子。它的手表系列丰富，有零售价高达20万美元的宝珀（Blancpain），有宇航员戴的手表欧米茄（Omega），有中档经典手表汉密尔顿（Hamilton）和天梭（Tissot），还有运动优雅型手表浪琴（Longines）和雷达（Rado）。但正是斯沃琪手表的诞生及其开创的有趣、时尚的手表市场，使整个瑞士的手表行业重焕生机，并使纳沙泰尔成为全世界客户和投资者中意的公司。

毫无疑问，市场创新在未来十年将被全世界的公司领导看作其组织的核心战略挑战。他们知道在一个竞争对手众多、需求缺乏的经济里，可持续的盈利性增长依赖于不断开创新的市场，这可以让小公司变大，让大公司重振雄风。

（第一次发表于 1999 年 1 月）

确定性创新

我们可以通过三种工具来减少创新的不确定性。“买方效用图”帮助你明确你的想法是否给客户提供了独特的、别人没有的价值。“大众价格走廊”这个工具帮助你估算什么价格能吸引到尽可能多的买方。“业务模式指引”帮助你估计在提供新的产品和服务后是否能够赚到钱。

1998年，摩托罗拉公司推出了一款自称会改变移动电话世界的产品。被该公司命名为Iridium的手机是第一台可以在世界上任何国家或地区不受干扰地进行无线通信的手机。但这后来成了彻底的败笔。在仓促拥抱新技术时，摩托罗拉公司忽视了它的很多缺陷：手机非常重，需要很多附属配置，不能在车内或建筑物内使用，而这正是许多需要到处出差的全球高管最需要的。这款手机售价高达3000美元，人们找不到任何理由用它替换手中150美元一台的手机。

正如这个故事所揭示的，即使最令人称道的公司也会在创新方面犯下惊人的重大错误。企业有时急于把新技术过早地推向市场；有时定价错误；有时忽视了一个颠覆性的想法，被另一家企业所利用，因而失去一个新业务，例如美国有线电视新闻网的竞争对手一开始只是把它的新闻节目当成“鸡肉面条新闻”[①]。

这并不是企业不懂创新遇到的挑战。一个新产品必须以有吸引力的价格给客户带来超值的效用，且公司必须还能赚取适当的利润。然而创新过程被太多不确定性所包围，即使最有洞见的管理者在评估一个新的商业想法的成熟度和潜力时，也会感到很困难。

在这里，我们给出了一个系统的方法来减少创新的不确定性。

---

① CNN是美国有线电视新闻网的英文首字母缩写，而Chicken Noodle News，意为“鸡肉面条新闻”，它的首字母正好也是CNN。

为了了解是什么支撑一个新想法获得商业上的成功，我们建立了一个有 100 多家不断创新且获得成功的企业的数据库，也收集了产品和服务创新没有成功的企业的数据（参见专栏“我们对创新的研究”）。基于这些信息，我们创建了三个分析工具，帮助管理者在发现一个商业理念时就知道它是否能够获得成功，无论其所在的市场或将创造的新市场是什么。第一个工具是“买方效用图”，用来表明客户被新理念吸引的可能性。第二个工具是“大众价格走廊”，帮助确定以什么价格吸引最大数量的顾客。第三个工具是“业务模式指引”，为企业提供一个分析框架，评估企业是否能够以及如何以目标价格实现新的商业理念。

我们对创新的研究

十多年前，我们研究盈利性增长的根本原因，发现创新是最关键的因素。这个发现和斯坦福大学教授保罗·罗默（Paul Romer）领头研究的经济学“新增长理论”是一致的。从那时开始，我们专注于研究公司如何真正让创新发生。我们开始建立一个完整的数据库，跟踪了各行各业 30 多家成功创新的公司。

不久，随着互联网的兴起及公司的互联网主页迅猛增长，我们的数据库扩展到了100多家公司。这些公司有些在创新方面取得了成功，有些遭遇了失败。我们访谈了这些公司里的几百位管理者，系统地比较了他们的成功与失败。

前面我们阐述了成功创新的公司如何重塑了它们所在的行业，甚至创造了新的行业。我们还阐述了公司如何创造一个工作环境，促进产生、分享和积累新想法和知识。这里，我们将从行业和企业转向创新本身。我们将介绍一套工具，管理者可以用来评估任何创新想法的商业潜力。

并不是会使用这些工具就万事大吉了。创新还必须克服“获得支持的障碍”——来自公司内外部利益相关方的强烈抵触。“获得支持的障碍”在规划阶段常常被忽视，但它能使非常棒的创新想法成功，也能使其夭折。所以文章结尾部分将讨论管理者如何防止负面问题发生。首先让我们来了解什么是“效用”。

-观点概述-

创新就像买彩票，你不得不在中大奖之前为大量错误买单？不一定。虽然发现能够成功的商业想法是非常难的，但我们在这里推荐的三个工具，可以消除大部分不确定性。

买方效用图帮助你明确你的想法是否给客户提供了独特的、别人没有的价值。

大众价格走廊这个工具帮助你估算什么价格能吸引到尽可能多的买方。

业务模式指引帮助你预估在提供新的产品和服务后是否能够赚到钱。

然而并不是有了这些工具就万事大吉了。为了保证你的想法在商业上可行，你还需要处理利益相关方的抵触（例如员工担心创新会威胁他们的生计）。

创造特别的效用

摩托罗拉公司负责Iridium型号手机的经理掉进了一个很常见的陷阱：太过陶醉于新技术花哨的附加功能。而成功的创新者更注重产品的效用，他们会努力发掘新产品和服务在哪些方面能改变消费者的生活以及如何改变。这种不同的角度极其重要，因为这意味着产品在开发的过程中，将不会更多地以技术可能性为目的，而会更多地以客户需求为目的。

买方效用图可以帮助管理者从正确的角度思考。它列出了企业可以使用的所有工具，为客户提供效用，以及从一件产品或一项服务中可以获得的不同体验。这促使管理者发掘产品和服务的全部效用主张。让我们逐个看下这幅图的几个维度（参见图示“买方效用图”）。

买方效用图

在下表 36 个方格里定位一个新产品，管理者可以清晰地看到新想法如何创造了与既有产品不同的效用主张。

买方体验周期的6个阶段

效用的6个杠杆

	购买	交付	使用	补充	维护	丢弃
客户效率						
简单						
方便						
风险						
有趣和形象好						
对环境友好						

-理念实践-

买方效用图

你那有趣的想法对消费者有吸引力吗？要回答这个问题，先来画一张表格。在纵轴上列下价值的各种形式（例如对环境友好、有趣或方便），在横轴上列下买方体验的阶段（购买、交付、使用、补充、维护、丢弃）。把市场上已有的所有产品和服务分别列到表格里，展示它们在客户购买体验的不同阶段提供的不同的价值，然后确定你的新想法如何开创新的空间。

案例：星巴克优雅的咖啡店面、异国风味的冲泡组合等提供了一种在购买阶段的新的价值形式，即给咖啡购买体验注入了趣味和身份象征。

大众价格走廊

一项潜在创新如何定价才能赢得最多的客户？为了估算出这个数字，首先要列出你的创新想法的替代品。例如，西南航空公司关注到了乘坐汽车、火车、出租车的乘客，记下了每一种替代品的价格和销量，分析最大的现有客户群在哪儿，以及他们目前支付的价格。

其次，决定你为这些客户群设立多高的价格，可以阻止仿效产品进入这个市场。如果你的创新有专利或版权的法律保护，或你的公司有一些独特的资产（例如声名在外的品牌），那么你可以定高一点的价格。

业务模式指引

你可以把创新推向市场且赢利吗？这取决于你对材料、设计、生产方法、合作伙伴和价格模式的选择。

案例：斯沃琪为它的手表定价 40 美元。要在这个价位水平上赢利，它对材料、设计和生产方法都做出了明智的选择。它使用塑料材质（而不是金属或皮革），简化手表的内部结构，用超声焊接这种更便宜的装配技术来闭合表盖，而不是上螺丝的方法。

案例：ERP 软件领导者思爱普公司在成立之初，技术和配送能力都不过关。为了快速增长，它通过和甲骨文公司合作获得了它的主要产品 R/2 及 R/3 所需要的核心数据软件，从而建立了相应的能力。

案例：宜捷航空的价格模式——购买商务飞机一定时间段的使用权，而不是购买一整架飞机——使它的飞机获得了更多公司客户。

买方体验周期的6个阶段

客户的体验通常可以分成6个明显的阶段，按顺序大致从购买开始，到丢弃结束。每个阶段都包含大量的具体体验。例如，购买阶段包括在亚马逊上浏览网页以及在沃尔玛商场过道上推购物车。（参见图示“了解买方体验周期”给管理者提供了一套问题，用来检查买方在每一个阶段的体验质量。）

了解买方体验周期

客户的产品体验包含6个基本阶段。为了帮助公司评估买方全部体验过程的质量，我们为每个阶段设计了一些重要的问题。单就每个问题而言，答案可能是显而易见的，把所有答案放在一起，就可以了解体验周期的整个画面。

购买	交付	使用	补充	维护	丢弃
找到你需要的产品花了多少时间?	产品送到客户手中花了多长时间?	使用产品需要接受培训或专家的帮助吗?	你需要用其他产品和服务来让这个产品正常工作吗?	产品需要外部维护吗?	使用该产品会产生废物吗?
购买产品的地点吸引人吗?容易找到吗?	打开包装和安装新产品有多难?	产品不用时容易储存吗?	如果需要，要花多少钱?	产品维护和升级容易吗?	处理该产品容易吗?
交易的环境安全吗?		产品的特征和功能有效吗?			
完成交易的速度有多快?					

效用的 6 个杠杆

贯穿买方体验各个阶段的是效用的 6 个杠杆——企业给客户提供效用的方式。大部分杠杆都显而易见。最常用但可能最不明显的是客户效率。创新可以通过帮助客户更快、更好，或以不同的方式做事，从而提高客户的效率。以彭博社为例，它可以快速分析和比较原始信息，这让交易员变得更加高效。

把一个新产品放到买方效用图的 36 个方格内，管理者就可以清晰地看到一个新的想法创造的效用主张和现有产品有何不同。以我们的经验看来，管理者大多数时候专注于在买方体验的同一管理者阶段提供过多的同类效用。这个做法在新兴行业可能还算合理，因为这时还有足够的空间来改善公司目前的效用主张。但是在许多成熟的行业，这种方法不太可能产生对市场有影响力的创新。让我们来看一下成功的创新者如何利用买方效用图发掘新的空间。

在同一个阶段使用新的效用杠杆。许多成功的创新给熟悉的体验带来了新的期待。星巴克就是这样的例子，它给美国白领一族的休息时间带来了革命性的变化。以前，人们在速食店或快餐连锁店买咖啡喝，这些店通过给顾客提供又快又便宜的咖啡来竞争。在买方效用图上，这些公司注重在购买阶段提供效率，而星巴克却进入了一个全新的市场空间。通过布置雅致的咖啡厅，提供各国风味的咖啡，星巴克给购买咖啡的体验注入了乐趣和身份象征。结果是，美国的中产阶级形成了咖啡文化，咖啡店变成美国的标志性场所。

把同样的效用杠杆用在一个新的阶段。公司也可以创新性地把熟悉的效用用在买方体验的另一个阶段。迈克尔·戴尔就是这样改变了电脑行业。电脑厂商以前通过提供具有更多功能的软件、速度更快的电脑进行竞争。在买方效用图上，它们为客户提供了更高的使用效率。戴尔公司把同样的效率用在了交付阶段的体验上。它绕过代理商这个中间环节，直接按客户需求定制电脑并交付到客户手上，比任何其他电脑厂商都快。

在新阶段使用新效用。在一些行业，回报最高的创新是做一些全新的东西。飞利浦公司生产的Alto灯泡就是运用这种方法的最好例子。大多数灯泡生产商给客户提供的是使用时的效率，它们没有注意到使用后的灯泡必须要运到特殊的场所处理，因为灯泡含有水银这种有毒成分。通过创新，飞利浦公司生产的Alto灯泡，在处理时对环境无害，从而进入了一个竞争对手都忽视了的效用空间，并占领了该市场。仅仅在第一年，Alto灯泡就抢占了美国传统日光灯市场的25%，并且毛利还很高。买方效用图清晰地呈现出了真正的创新不同于只在现有产品和服务上做改进，它还提醒公司高管，创新还有多种可能性值得探索。即使最高产的创新者也只占据了买方效用图上36个空格中的几个而已（参见专栏“嘉信理财集团如何创造特别的效用”，嘉信在买方效用图上，示范了一个创新公司的创新点）。想一想你所在的行业，你的公司占据了几个空格？

嘉信理财集团如何创造特别的效用

在我们的数据库里，最具创新精神的公司之一是嘉信理财集团，它提供的是价格打折的经纪服务。嘉信理财集团的第一个创新是让客户觉得用电话或在网上购买理财产品是安全的。当大多数理财代理公司在价格上较劲的时候，嘉信理财集团意识到客户实际上更关心交易的安全性。通过电脑提供即时的交易确认，嘉信理财集团消除了客户心中担忧的风险。

嘉信理财集团还让购买过程变得更加便利。许多理财代理公司都只在正常办公时间营业，而这时客户也在上班，并没有时间。客户面临的问题是双重的，因为他们还要把购买股票的资金从银行转账到理财代理公司。银行的营业时间更死板，反应时间更慢。嘉信理财集团推出无休服务，以及跟支票特权和Visa（维萨）信用卡关联的Schwab One现金管理账户，帮助客户避开了这些麻烦。

嘉信理财集团的下一个创新发生在“维护—简单”这个方格里。它发现客户检查自己的共同基金投资的过程很复杂。最典型的过程是：客户收到共同基金投资账户里每一个基金公司寄来的对账单，把所有账单放在一起才能看出自己的投资表现如何。嘉信理财推出了OneSource服务，每个月帮客户整理好在嘉信购买的共同基金投资的所有对账单。嘉信理财还一直在探索新的效用空间，以便在竞争中脱颖而出。嘉信理财能否继续保持领先，取决于它能否比竞争对手更快找到新的效用空间。

买方体验周期的6个阶段

效用的6个杠杆

	购买	交付	使用	补充	维护	丢弃
客户效率						
简单					OneSource	
方便	无休服务，Schwab One现金管理账户					
风险	立即获得交易确认					
有趣和形象好						
对环境友好						

制定战略性价格

仅仅提供特别的效用并不能让创新获得成功，你还需要制定合适的价格。以前，这不是一个迫切的问题。企业可以在推出新产品时，拿追求新颖且对价格不敏感的客户来测试，然后再慢慢降价来吸引主流买家。但是在新的经济环境里，管理者必须从一开始就知道什么价格能快速吸引到一大批客户。

为什么快速提高销量这么重要？主要有两个原因。第一个原因是，在越来越多的业务中，销量带来的回报比过去更高。现今时代，商品具备了更多知识密集型属性，企业在研发阶段比在生产阶段承担了更多成本，所以一旦收回研发成本，销量就会直接跌至谷底。第二个原因是，一些公司只能尽早获得大量市场，别无他选。产品和服务的价值与使用它的人数紧密相关，例如易贝的网上拍卖。客户看到一项产品和服务几乎没有人使用，他们也不会购买。由于这种“网络外延性”现象，许多产品和服务要么“占领全部市场”，要么“一无所有”。

产品定价不仅要吸引大量的客户，还要帮你留住他们，我们称之为“战略性价格”。很多创新非常容易被模仿，例如星巴克和家得宝的理念是没有专利保护的。为了让客户保持忠诚度，就得让客户相信其他模仿者不能提供比它们更好的价值。公司必须在第一天就树立起好名声，因为现在的品牌建设极其倚重口碑，这在我们现在的网络社会里传播极快。公司一开始就要给予客户无法拒绝的产品和服务。我们接下来介绍的工具“大众价格走廊”可以帮助管理者为他们无法拒绝的产品和服务制定合适的价格——不一定是最低价格。这个工具由一个独特但又相互关联的步骤组成（参见图示“大众价格走廊”。）

大众价格走廊

给你的产品在合理的位置定价，你必须首先确定大众价格走廊，即获得最大客户群的价格区间。然后，基于法律和你所拥有的资源保护程度，确定一个价位，不会把竞争对手招引来效仿产品。

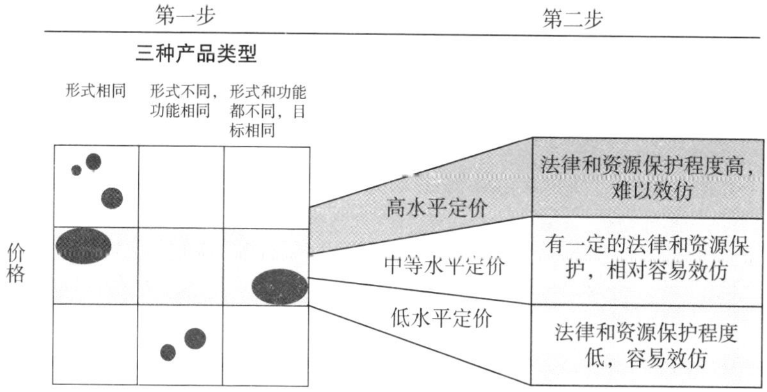

第一步：确定大众价格走廊

在制定价格时，所有公司首先参照的是行业内跟自己的产品和服务非常接近的产品和服务。这当然有必要，但是能够塑造市场的创新需要创造新的客户群，不仅仅是现有的客户份额。确定战略性价格的挑战是：了解客户对产品价格的敏感度。客户通常会比较新产品和其他公司提供的传统产品。对一些公司而言，确定一个产品的潜在客户非常简单。例如西南航空公司在确定短途运输的价格时，只需研究乘坐巴士、火车和小轿车的乘客就可以了。其他一些公司未必那么容易做到。高管研究行业外的产品和服务的一个好方法是列出两类产品和服务：形式不同、功能相同，以及形式和功能都不同，但服务于同一个目标。

形式不同、功能相同：许多成功的创新为客户提供的是同样的功能和核心效用，但有着完全不同的外观，可以吸引其他行业的客户。例如很多使用Intuit软件公司财务软件Quicken的人，不是买一个软件产品，而是买一个可以帮自己管理个人财务的产品。Quicken软件的替代品是铅笔（非常烦琐，容易出错），或是注册会计师提供的昂贵服务。注册会计师、铅笔及软件都提供同样的功能或核心效用，即帮助人们管理和了解自己的财务状况。

形式和功能都不同，目标相同：有些创新可以吸引风马牛不相及的客户，比如欧洲连锁影院凯那波利斯，把各种各样过夜生活的顾客吸引了过来。在布鲁塞尔，它的第一块超大银幕把电影观众人数扩大了40%以上。这些增长来自原本参与其他不同形式和功能的活动的人。例如，酒吧和餐厅与影院没什么共同之处，而且酒吧和餐厅提供的是截然不同的功能——聊天和美食，这与影院的视觉享受非常不同。然而尽管形式和功能存在这些差异，人们去酒吧和餐厅与去影院却有着相同的原因，就是去外面度过一个美好的夜晚。

列出其他各类产品和服务，可以让管理者看到能被争取过来的所有客户源，包括来自其他行业以及直接竞争对手的客户。然后管理者们就把这些替代品的价格和数量标注在表格上，参见图示“大众价格走廊”。这样就可以非常直观地看到最大的潜在客户群在哪里，以及他们为正在使用的产品和服务所支付的价格。获得最大客户群的价格带就是我们说的“大众价格走廊”。在某些情况下价格范围非常宽，例如，西南航空公司最大的潜在客户群里既有花 400 美元买短程经济舱机票的人（短程指的是 400 英里），也有花 60 美元自己开车走同样行程的人。

第二步：在价格走廊内确定一个价位

第二步是帮助管理者决定在价格走廊内设定什么样的价格不会引来竞争对手的模仿。这项评估取决于产品和服务受专利和版权保护的程度或公司拥有的独特资产，如昂贵的工厂或已经形成的品牌知名度。显然，没有相关保护的公司的定价相对低。回到西南航空公司的例子，因为它的服务没有专利，也没有独特的资产，它的价格就定在价格走廊的底线上，也就是对标开车自驾的价格。又比如，戴森吸尘器因其设计，自 1995 年推出以来，一直卖高价，这归功于强大的专利保护和出色的服务能力。然而很少有公司可以像戴森那样阻绝竞争对手。有一定的专利保护和资产独特性的公司应该考虑在价格走廊的中间位置定价。

建立一个赢利的业务模式

效用和价格是一部分，最终每个公司，包括互联网公司，都要赢利。成功的创新公司从一开始就有精简和赢利的业务模式。一个好的业务模式本身就是防范被模仿的有力屏障。事实说明，美国有线电视新闻网以其他新闻网络 1/5 的成本制作 24 小时实时播报的新闻，使其 15 年内没有仿效者。

建立这样的业务模式没有神奇的公式，我们开发了一个系统的方法用以思考所有相关问题，帮助管理者避开一些陷阱。我们的第三个工具“业务模式指引”，设计了一系列问题让管理者打开思路，思考有关生产和配送的方法、公司的能力和产品的定价结构（参见图示“业务模式指引”）。

业务模式指引

“目标成本是多少”和“和谁合作”这两个问题是紧密关联的，因为一家公司的目标成本会影响它如何获得自己需要的能力，而它需要的能力会影响其改变成本结构的能力。当成本和能力已经优化至目标成本（目标成本是由战略性价格驱动的）时，公司就应该挑战行业标准的定价模式，以便赢得更多的客户并增加利润。

目标成本是多少？

- 你的目标成本是由战略性价格决定的吗？
- 产品的原材料能否用非传统的、更便宜的材料替代？
- 你是否大量剔除、减少及外包价值链中高成本、低附加值的活动？
- 你能够用数字化资产或活动来降低成本吗？

和谁合作？

- 实现你的价值主张需要哪些能力？你缺少哪几样？
- 哪些公司具备你缺失的能力？
- 基于成本、质量和速度的考虑，你是否要收购这些公司或与其合作？

使用哪种价格模式？

- 你所在行业的价格模式会阻碍你的业务想法获得成功吗？
- 哪种价格模式能创造更多利润——直接售卖、租赁、分享使用时间、分享部分产品或以股本支付？

目标成本是多少

经验告诉我们，企业把新产品的成本控制下来并不容易，作为补偿，它们通常把价格定得很高，高于明智的战略所需。成功的创新公司从来不会让成本决定价格。它们的成本以市场驱动的战略性价格为目标，而且不允许超标，这反过来会促使公司内部广泛地挑战关于材料、设计和生产的每一个假设，这样做常常会得到惊人的结果。

斯沃琪集团就是最恰当的例子。一开始，创始人尼古拉斯 · 海耶克给手表制定了 40 美元的目标价格，并要求公司必须根据目标价格创造出一款产品，而且还要达到利润目标。由于瑞士的劳动力成本高，斯沃琪只有在产品及生产方法上做出颠覆性的改变，才可能实现海耶克的目标。斯沃琪没有使用传统的金属或皮革材质，而是使用了塑料。它的工程师还大幅简化了手表内部结构，零件从 150 个减少到 51 个。最后，工程师还开发了新的更便宜的组装技术，比如表盖用超声焊接方法密封，而不是使用螺丝拧紧。所有这些设计和生产的改变使斯沃琪手表把直接人工成本从占全部成本的 30% 降到低于 10%。这些创新使斯沃琪在大众手表市场上具有了很强的竞争力和盈利性。而以前，大众手表市场一直被廉价劳动力丰富的亚洲生产商占据。

和谁合作

在把新产品推向市场的过程中，很多创新公司自己独自开展生产和配送的所有工作，它们想把新产品当作发展新能力的平台，这是错误的。除非这个产品受到很好的保护、不会被模仿，否则这种做法将是破坏性的，因为时间拖长只对模仿者有利，对创新者无利。

以英国百代公司（EMI）为例。百代公司开发了CAT扫描仪（计算机X射线轴向分层造影扫描仪），其发明者戈弗雷·亨斯菲尔德因此获得了诺贝尔奖。尽管没有任何医疗行业经验，在美国也没有一席之地（美国对尖端医疗设备的需求很大，市场也很庞大），百代公司却尝试在那里建立自己的分销体系。不幸的是，CAT扫描仪虽然是医疗行业的一个突破，却非常容易被仿造，因为其基本技术是相当成熟的。在三年内，大量由电子产品巨头，如通用电气和西门子等公司生产的CAT扫描仪占领了美国市场。在亨斯菲尔德获得诺贝尔奖的同一年，百代公司不得不把扫描仪业务卖给了索恩电子公司。

敏锐的创新公司越来越避免内生性增长，而是通过与其他公司合作或并购其他公司来弥补自身能力的不足，使自己能够快速而专业地行动。思爱普公司快速成为世界领先的ERP软件公司，但在1972年成立之初，它的技术和分销能力还有巨大的差距。它没有在内部培养这些能力，而是选择从外部获取。例如，思爱普和甲骨文合作，获得核心的数据软件，用于其核心产品R/2 和R/3。思爱普还找其他合作者帮助它安装和交付产品，比如安达信和凯捷咨询公司，这些咨询公司在思爱普的目标客户中拥有强大的关系网络，正好为它所用。思爱普还收购了德国iXOS软件公司，快速获得了UNIX专业技术。思爱普愿意在公司之外找到自己缺失的能力，是它一直保持业务应用软件领域全球领先地位的一个原因。思爱普将来的成功还会取决于它持续向外拓展的能力。

使用哪一种价格模式

有时候，无论花多少时间重新设计或进行外部合作，也不能给一个产品和服务定一个战略性的价格。这时候，管理者很可能会陷入假定产品和服务就应该这么定价的陷阱里。例如，录像带刚刚出现的时候，卖到大约 80 美元一盘，没有人愿意花这么多钱买，因为没人认为自己会把一盘录像带看两三次。

成熟的创新者从来不会假设某个产品就只有一种定价方法。百事达（Blockbuster）录像带商店把买变成了租，机智地解决了这个行业成本和价格的问题。只需要花几块钱租录像带，使得家庭录像带市场获得了爆炸性发展。百事达公司从反复出租录像带中赚到了更多钱，比直接卖录像带赚的还要多。

除了百事达公司的租赁模式之外，创新公司还使用其他几种价格模式，把价格昂贵的产品变成大众市场支付得起的产品。其中一种模式是分享使用时间。新泽西州的宜捷航空公司用这种模式，使更多的公司客户可以使用私人飞机，客户只需按时间段购买飞机使用权，而不需要买下整架飞机。另一种模式是分享部分产品。例如，高质量投资组合服务传统上由私人银行提供给富人，但共同基金投资经理把这种服务带给了小投资者，做法是把投资组合中的一小部分而不是整体卖给小投资者。还有一些公司全面放弃了价格这个概念，而是用产品交换客户公司的股份。比如惠普电脑用它的高马力服务器跟硅谷的初创公司交换它们的收入分成，客户立即获得了重要的能力，而惠普公司赚到的钱也远多于卖机器的收入。这些做法不是要对战略性价格做出让步，而是用新的价格模式达成同样的目标。

克服创新的阻力

出色的价值主张和无敌的业务模式也不能保证一定成功。从定义上看，“创新”威胁到了既有状态，因此常常引起公司三个主要利益相关方的恐惧和抵触。他们分别是员工、业务合作伙伴和普通大众。那些“即将成功”的创新公司如果忽视这些反应的话，将不得不自吞苦果。克服对创新的恐惧的办法就是教育那些感到恐惧的人。

员工

对于创新带来的影响，员工是有顾虑的，不能充分解决这些顾虑的代价将会很大。例如，当美林证券公司的管理会宣布开展线上经纪服务的计划后，它的股价大跌了14%，因为有报道称该公司最大的零售经纪部门出现了抵触和内讧。因此，聪明的创新公司在对外宣布创新方案前，会先协调一致，做好员工沟通，表明公司理解创新给员工构成的威胁，他们会和员工一起想办法减弱这些威胁，这样公司里每个人都有获得感，即使自己的角色、责任和报酬发生了变化。与美林相反，摩根士丹利添惠证券在公司遇到互联网带来的挑战时，和员工进行了一场坦诚开放的沟通，一起讨论公司的策略。摩根的努力慢慢地有了回报，当公司最终宣布成立在线互联网公司时，它的股价上扬了13%，因为市场投资者认为摩根的员工理解了成立在线公司的必要性。

业务合作伙伴

比员工的不满可能更具破坏性的是业务合作伙伴的抵触，因为他们担心新的做法会严重影响他们的收入来源和市场地位。思爱普在开发R/3产品的升级版ASAP时遇到了这样的问题。ASAP可以让中小型公司第一次用上ERP系统。问题是开发ASAP的最佳应用版本需要大型咨询公司的积极合作，而这些咨询公司从承揽思爱普其他产品的业务中获得了大量收入。思爱普与这些业务合作伙伴坦诚地讨论了这个问题，从而化解了矛盾。思爱普的高管让咨询公司相信它们肯定可以从合作中获得更多的生意。虽然ASAP减少了给中小型公司安装的时间，但是咨询公司可以接触到新的ERP用户，新的业务量的收入远远超过了在大客户方面减少的收入，而且这也帮助咨询公司缓解了客户日益增多带来的关于ERP软件安装时间过长的抱怨。

普通大众

反对创新的声音也可以扩散到普通大众，尤其是如果这项创新是技术突破的成果，并威胁到已有的社会和政治秩序，后果可以是毁灭性的。以孟山都公司为例，该公司生产转基因食品。欧洲消费者本可以成为孟山都公司的客户，但在诸如绿色和平组织、地球之友及土壤协会等环保团体的一通操作下，大家都把孟山都看成一个居心叵测的公司。这些环保团体的攻击在欧洲得到了大量应和，因为欧洲本来就有关注环保的历史传统以及强大的农业游说能力。

孟山都公司的错误在于任由他人主导这场讨论。它本该和环保组织及普通大众进行沟通，说明转基因食品的好处，诸如可以消除饥荒、减少疾病等。其创新产品进入市场之际，孟山都公司应该在食物上标明哪些产品是用转基因种子长成的农作物制作的，让消费者可以在有机食品和转基因食品中选择。如果孟山都公司当时做了这几件事情，而不是任由对方诋毁自己，它可能已经像英特尔芯片一样，成为未来食品之“芯”了。

教育和影响这三个利益相关群体的主要挑战是以坦诚的方式沟通和讨论，告诉他们为什么创新是必需的，解释创新会带来什么好处，对创新可能带来的不确定性后果设定清晰的预期，同时也告诉他们企业会如何应对。利益相关方需要知道自己的声音被听到、不会有意外等着他们，公司不厌其烦地和利益相关者对话，花费的时间和努力最后将会成倍地回报给公司。

类似摩托罗拉Iridium手机和孟山都转基因食品的烦恼让创新落下了一个坏名声。然而创新一旦成功，将会创造诱人的新业务，甚至塑造一个新行业。比如，美国在线服务公司（AOL）远不止创建了一个互联网门户网站，它还几乎创造了整个互联网服务行业。由于创新的各种不确定性，很多管理者视创新为博彩也就不足为奇了：你在中彩之前不得不为许多错误买单。这样的看法有其真实性。创新总有点运气成分，甚至要有点魔法，没人有预见未来的水晶球。

但我们相信，这里提供的框架可以揭开创新神秘的面纱，让人可以对创新进行坚定的规划。如果新创意通过了这里介绍的工具的评估，也与利益相关方进行了公平的沟通，那么管理者就可以对这个创意的成功信心十足。但我们的框架所能做的远不止评估新想法，它还揭示了如何让新想法获得商业上的成功，帮助公司制定连贯一致的战略，从而在业务创新上获得成功。换言之，这些工具不仅可以帮助企业在发现创新点时就知道这是制胜法宝，还能让企业知道从哪里开始寻求创新。

（**第一次发表于** 2000 **年** 10 **月**）

战略布局图：准确描绘公司的未来

战略布局图可以帮助公司了解它们的战略定位，并在此基础上产生好的战略。首先，它清晰地描绘了影响行业当下和未来的竞争要素。其次，它展示了既有及潜在竞争对手的战略布局。最后，它画出了本公司的战略布局或价值曲线。这一工具可以帮助员工高效地开展工作。

花旗银行董事会主席兼首席执行官约翰·里德，以坚持他的高管必须具有大局思维而著称。他要求每个业务部门主管最多只能用几页幻灯片来呈现他们的战略提议。凡是不符合里德苛刻要求的主管，马上就会看到里德毫不掩饰的不悦。如果这样的情况次数多了，这些主管将面临不能参加战略会议的风险。

很多商业领袖都像里德一样执着于大局观，但我们的研究表明，很少有公司具有清晰的战略愿景。我们认为问题出自战略规划的流程本身。这个流程通常要准备大量文件，文件从公司各个部门收集而来，杂乱无章；各部门的人通常还各有打算，沟通不畅。报告的开篇一般会长篇赘述行业和竞争态势，然后毫无目的地讨论如何提升市场份额、如何获取新市场、如何削减成本。最后，基于这些讨论得出多个目标和提议，毫不例外地附上完整的预算以及大量的图表。

因此，战略规划没有被付诸行动也就不足为奇了。高管们脑子里一团糨糊，无法开展工作。其实，战略规划并非如此开展。我们提出了进行战略规划的另一种方式，不只是准备文件，还要画出我们所说的“战略布局图”。这个方式可以持续帮助公司建立易于理解和沟通的战略，让公司内更多的人参与，释放参与者的创造力。接下来将介绍一家欧洲领先的财务服务公司如何使用我们的方法取得了显著的效果。首先，让我们看一下怎样才是好的战略布局图。

展示你的战略布局

学术界和咨询界已经开发了大批工具帮助企业了解它们的战略定位，其中很多工具也帮助企业制定了成功的战略。我们的方法“战略布局图”很独特，因为它做了三件事情。首先，它展示了一个行业的战略布局，清晰地描绘了影响行业目前竞争状况的要素，以及将来可能出现的竞争要素。其次，它展示了既有及潜在竞争对手的战略布局，了解它们对哪些要素进行战略投资。最后，画出本公司的战略布局或价值曲线，展示公司如何投资于竞争要素，及将来如何投资于这些要素。我们设计的战略布局图的基本构成是价值曲线，这是我们在研究和咨询工作中开发出来的工具。

为了演示战略布局图怎么用，我们为短途航空业制作了一幅图，带着你做一遍。在“短途航空业的战略布局图”上，行业的竞争要素列在了横轴，纵轴表示的是航空公司和其他替代服务提供者投资于这些竞争要素的程度，相对低的位置表示公司的投资相对少，提供的服务也相应较少，用价格表示的话就是价格较低。比如西南航空公司在“餐饮”这个要素上，基本没有提供免费点心，和自己开车是一样的。把每一个市场玩家所有的要素在图中的位置用线连起来，就展示出了西南航空公司的战略布局，以及它的直接竞争对手小轿车的战略布局。

短途航空业的战略布局图

西南航空公司的战略布局与短途航空业其他竞争对手的迥然不同。请留意，西南航空公司的战略布局和小轿车的相似之处，较之于与其他航空公司的更多。

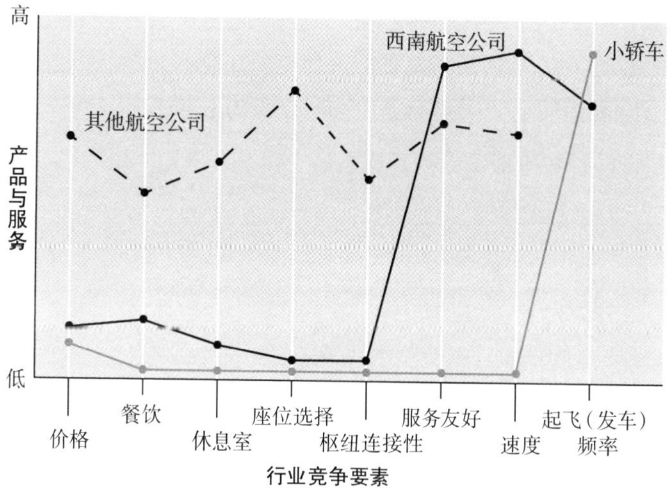

西南航空公司的战略布局是成功战略的完美案例，因为它具备了有效战略的三个互为补充的特点：聚焦、趋异和吸引人的标语。如果你的公司的战略布局没有清晰地呈现这些特点，那你的战略很可能不清晰、无差异或很难传达。

聚焦

每一个伟大的战略都有聚焦点，一个公司的战略布局或价值曲线应该非常清晰地呈现聚焦点。例如西南航空公司的战略布局，你可以一眼看到该公司只强调三个要素：服务友好、速度以及起飞频率。如此聚焦，使西南航空公司得以参照轿车运输的价格。它并没有额外投资于餐饮、休息室和座位选择。与之形成对比的是，其竞争对手在航空业所有的竞争要素上都进行了投资，这使它们很难在价格上比西南航空公司更有竞争力。全面开花的投资通常表明一个公司的做法被竞争对手的行动所左右。

趋异

一家公司的战略被动地跟着竞争走，就会失去独特性。看一下大多数航空公司的餐饮和公务舱休息室的相似程度就知道了。从战略布局图上可以看到，应对式的战略趋于相似的布局。的确，在西南航空公司的案例里，我们发现其竞争对手的价值曲线几乎一模一样，它们的布局只需用一条价值曲线来表示。相比之下，创新公司的价值曲线通常远离对手。它们可能取消或大幅减少在某些要素上的投资，而在其他要素上增加大量的投资。有时候它们甚至创造出新的要素，改变行业的整体布局。例如西南航空公司率先推出在中等城市间的点到点航班，而在此之前，整个行业都是按照“从中心城市辐射到中小城市”的模式运作的。

吸引人的标语

成功战略的最后一关是提出一个突出的标语。西南航空公司的标语是：在需要时，以开车的价格享受飞机的速度。它可以这么说。它的竞争对手能说什么呢？即使最厉害的广告公司也很难把传统的航空服务，诸如午餐、座位选择、休息室、主线中转以及标准的服务、较慢的速度、较高的价格等，精炼成一句深入人心的标语。一句好的标语，不仅能传递清晰的信息，还可以真实地宣传产品和服务，否则客户就会失去信任和兴趣。如果你想不到一句震撼而真实的标语，很可能你也还没有一个强大的战略。

画出你的战略布局图

要画出战略布局图并不容易。即便只是明确关键竞争要素也要下一番功夫，而最终的要素清单往往与初稿相去甚远。

同样具有挑战性的是评估你和竞争对手提供的各式各样的要素各自处于什么水平。多数经理人可以清楚了解自己和竞争对手在一两个范围内的要素各自表现如何，但几乎没有人能看到整个行业的动态。例如，一家航空公司的餐饮部经理能敏锐地把握自己公司航班上的餐饮情况，但专注于一项服务就很难做出全面的评估：餐饮部经理认为做出了重大差异化的服务，但未必是客户看重的，客户体验的是全部服务。有些管理者用内部收益来定义竞争要素，例如首席信息官（CIO）对自己公司的IT基础设施具备的数据挖掘能力称道有加，但大多数客户根本不关心这一点，客户更关注的是快捷和简易。

过去数年里，我们开发了一套结构化的流程用于描绘和讨论战略布局图，以促成独特的易于沟通的战略的制定。一家有150年历史的财务服务集团，我们暂且称之为欧洲财务服务集团（以下简称EFS），最近使用我们这个方法制定战略，销售收入因此提升了30%。这个流程一共有4个步骤，需要大量的视觉刺激来激发人们的创造性。

用视觉唤醒

一个常见的错误是人们还未厘清现状就开始讨论改变战略。另一个问题是高管们常常对改革的呼声反应缓慢，他们要么因为享有既得利益，要么想用时间证明他们之前做的决策是可行的。确实，当我们问高管是什么促使他们改变时，他们通常回答说，要么因为有一个决断的领袖，要么真的遇到了危机。

幸运的是，我们发现，让高管描绘公司的战略价值曲线，可以迫使他们看到改革的必要性，就如惊醒梦中人一般。这也是EFS公司的经历，此前，该公司因为战略制定不当，且没有有效传达，业务长时间内举步维艰。该公司内部分裂严重，每个地区分公司的高管都极其厌恶总部高管的傲慢。分歧让EFS公司更加难以意识到其战略上的问题。在高管描绘新的战略之前，他们必须对公司的现状有一个统一的认识。

EFS把欧洲、北美洲、亚洲和澳大利亚分部的二十多位高级经理召集到一起，启动战略制定流程。这些高管被分成两组，一组负责描绘其传统外汇业务目前的战略布局以及竞争对手相应的布局，比较两者的差异。另一组做同样的任务，但针对的是该公司初露头角的线上外汇业务。这些高管只有90分钟时间来完成这项任务，因为如果EFS战略清晰的话，很快就可以画出来。

然而，这个过程实际上进行得很艰难。两个团队就什么构成了竞争要素及公司具有哪些要素展开了激烈争论，在他们看来，针对不同地区、不同客户群、不同竞争对手，使用不同的要素似乎很重要。例如，欧洲区争辩说，对于传统业务，EFS必须提供风险管理咨询服务，因为它的客户特点是风险规避型的；而北美区则认为，风险管理咨询服务不重要，速度快和易用更有价值。许多人都拿出了只有自己津津乐道的“好主意”，例如一个线上业务团队的经理主张，如果承诺即时确认交易完成，客户就会被吸引过来，但其他人认为没有必要提供这项服务。尽管困难重重，这两个团队还是完成了任务，向所有与会者呈现他们描绘的图画。他们的成果展示在图示“公司外汇业务的战略布局图”里。

公司外汇业务的战略布局图

ESP高管们比较了传统公司外汇业务主要玩家的战略布局，发现了惊人的相似点。事实上，EFS和非银行竞争对手的布局图一模一样。而同样提供公司外汇服务的商业银行在好几个维度上也和EFS的布局图一样。

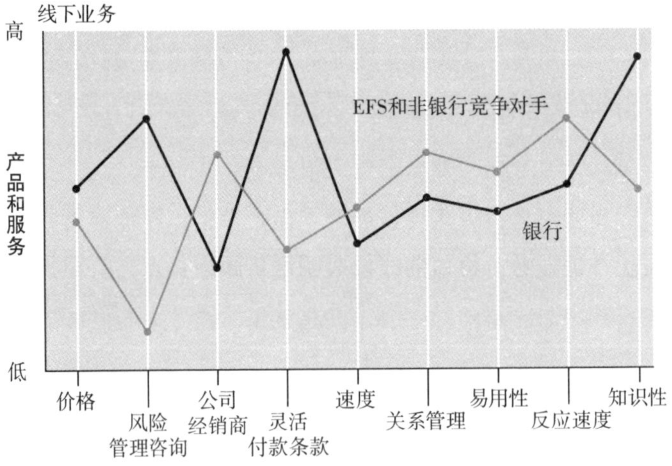

在这张战略布局图上，EFS的高管们比较了自己公司和晴

天公司（Clearskies）及其他竞争对手的线上业务战略。可以看出晴天公司的战略布局非常专注且独特，而EFS和其他线上外汇服务公司的战略布局几乎一样。

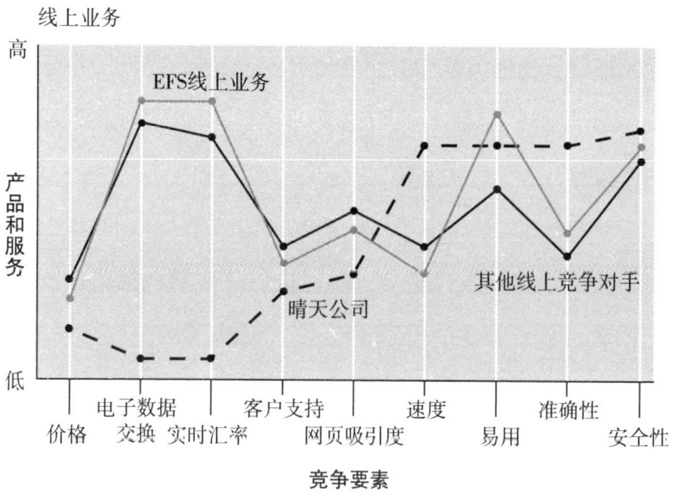

两张图清晰地揭示了该公司的弱点，无论是传统线下外汇业务还是线上外汇业务，价值曲线都表明严重缺乏焦点，公司在两项业务上广泛投资于多个竞争要素，而且两条价值曲线与竞争对手的严重趋同。毫无意外，两个团队都不能为各自的价值曲线想出一句令人难忘的标语。图中还出现了矛盾之处，例如线上业务大力投资于网站的易用性，却明显忽视了网速。EFS的网页是业界打开速度最慢的网页之一，难怪如此受认可的网站没有相应地吸引到更多客户。

最令他们震惊的恐怕是看到最强劲的对手晴天公司有着非常聚焦、新颖及易于沟通的战略："只需一点，随心换汇。"

面对直接表现公司短板的证据，EFS的高管无法继续维护他们看到的这个无力、老套、毫无亮点的战略。战略布局图强烈反映出了变革的理由，比任何基于数字和语言的论据都管用。

用视觉探索

用闹铃唤醒梦中人只是第一步，接着还要构建战略。所以下一步是把团队送到现场去，让管理者面对面地了解他们必须知道的：客户如何使用自己的产品。这好像显而易见，但是我们发现管理者常常把战略制定过程中的这部分工作外包了。他们依赖由其他人整理出来的报告（而这些人与真实的商业环境隔着好几道墙）。

没什么可以替代你自己亲眼见到的。伟大的画家不会照别人的描述或看着照片来画画，他们会亲眼看着所画的物件。伟大的战略家也是一样。迈克尔·布隆博格被称作商业天才，因为他发现媒体不仅需要提供财经信息，也需要提供在线分析，帮助用户理解数据。但他可能会第一个告诉你：任何看到过交易员使用路透社或道琼斯德励财经软件工作的人，自然而然都会产生这个想法。在使用彭博社提供的软件之前，交易员用笔和纸记下报价，用手持计算器算出交易市场价值，然后才做出买或卖的决定，费时费钱，还容易出错。类似这样的深刻战略洞见来源于走进现场，不会是天才的产物。

可视化战略的 4 个步骤

用视觉唤醒

画出你目前的战略布局图，与竞争对手的进行比较。

找出你的战略需要做出改变的地方。

用视觉探索

到现场去：

发现阻碍非用户接受你的产品和服务的障碍。

观察替代产品和服务的独特优势。

明确你应该剔除、创造或改变哪些要素。

可视化战略集市

根据现场观察的洞见画出未来的战略布局图。

向客户、失去的客户、竞争对手的客户和非客户寻求新战略布局的反馈。

利用反馈确立最好的未来战略。

可视化沟通

把之前和之后的战略布局图放在一个页面上，便于比较。

只支持帮助公司弥补差距、实现新战略的项目和运营举措。

显然，最先拜访的应该是客户，但不应止于此。你还应该接触失去了的客户、竞争对手的客户以及相关客户的客户。如果客户并不是用户，你还要深入观察用户，就像布隆伯格所做的那样。你不仅仅要和这些人交谈，还要观察他们的行动。发现消费者使用的大量其他补充产品和服务，会让你洞察到大量的机会。例如，去看电影的夫妇需要请一个婴儿保姆，那么增加婴儿看护服务就帮助波特克雷斯集团在欧洲开了很多家影院，这家公司拥有凯那波利斯连锁影院。最后，你需要观察客户可能会用其他什么方式替代你的产品以满足自身需求。例如，开车是坐飞机的替代方式，所以开车的独特优势和特点也应该被检验。EFS让它的管理者们现场考察4个星期。每个人要访谈和观察10个与公司外汇兑换业务相关的人，包括失去的客户、新客户以及竞争对手的客户。管理者们还要接触行业传统边界之外的公司，这些公司还未使用公司换汇服务，但将来可能使用，比如亚马逊这样覆盖全球的互联网公司。他们访谈了公司换汇服务的终端客户——公司的会计部门或资金部门。最后，他们还看了客户使用的辅助产品和服务，特别是资金管理和模拟定价服务。

现场调研推翻了管理者们在制定战略的第一个步骤里得出的许多结论。比如，客户关系经理本来是每个人都认同的关键成功要素，是ESF最引以为豪的，现在却变成了阿喀琉斯之踵（即致命弱点），原因是客户讨厌花时间和客户关系经理打交道。

令每个人惊讶的是，客户关注的要素是快速确认交易。之前，只有一个高管提出过这个要素很重要。EFS的管理者们看到客户的会计部门员工花了大量时间打电话确认款项是否已经支付，询问款项什么时候到账。就同样的问题，他们还会接到大量的回电，要花费时间处理这些回电。让事情更为复杂的是，他们还要接着再打电话给外汇兑换服务商，即EFS或其竞争对手。

EFS的两个团队再次回到画板前，这次他们要提出新战略。每个团队必须画出6条不同的新的战略曲线，每条都必须描绘出能使公司在市场中脱颖而出的战略。我们要求每个团队做6幅战略布局图，是希望管理者们提出创新性的提议。针对每一个可视化战略，团队还要写出一条引人瞩目的标语，反映该战略的精髓，然后说给客户听。创作出来的标语有“交给我们吧”“让我更精明”“值得信任的交易”等。

可视化战略展会

花了两周时间不停地描绘战略布局图之后，两个团队在可视化战略展会上呈现了他们所有的战略布局图。展会参与者中有公司总部的高管，但大部分是EFS外部的潜在支持者，即高管们在现场调研中接触到的那些人。两个团队用了仅仅两个小时就呈现出了所有12幅价值曲线，这表明任何要用多于10分钟来沟通的想法都过于复杂，大概率不会是个好想法。所有的战略布局图都挂在墙上，所有人都可以看得很清楚。

展示完12个不同的战略布局图之后，那些受邀来的与会者就会变身为裁判。他们每人手上有5张贴纸，可以在自己喜欢的战略上贴上一张；如果认为某个战略特别有吸引力，可以把5张贴纸都贴在这个战略上。这种方式透明、即时，不会受到办公室政治（这是做战略规划时的通病）的影响。高管们只能靠战略的创新性、清晰度以及自己演说的影响力来获得支持，比如一位经理以这样的语句开场："我们的战略如此灵活，你不仅仅是我们的客户，还会是我们的拥趸。"

用贴纸的方式投票之后，裁判们还要解释他们选择的原因，给战略制定过程补充更多反馈信息，他们同时还要解释为什么不投票给其他价值曲线。

这两个团队整合了裁判们共同的肯定和否定之处，然后意识到，他们原来认为重要的竞争要素中，有1/3被客户认为是鸡肋，另外1/3在视觉唤醒阶段没有被阐述清楚或被忽视了。事实再清楚不过了，他们必须重新评估一些长期认定的假设，例如把线上业务和传统的线下业务分开。他们还了解到不同市场的客户都有一套相同的基本需求，并期待得到相似的服务。如果这些基本需求得到满足，客户就会感到满意而忘掉其他需求。区域性需求只有在基本需求没有得到满足时才会显得重要。这对很多宣称自己区域具有独特性的人来说，是个新的发现。

在战略展会之后，高管团队终于能够完成他们的使命了。他们能够画出一条和实际的战略布局图一样的价值曲线，和之前画的都不一样，部分原因是新的战略布局图放弃了EFS线上业务与线下业务含糊不清的差别。更重要的是，他们现在的思维意识可以画出一条新的独特的价值曲线，反映市场上真实而不易发现的需求（参见图示“EFS：过去和未来”）。

EFS：过去和未来

这张图展示的是EFS战略创新过程的最后产出。自此之后，投资决定都以如何让公司从旧的价值曲线向新的价值曲线转变为依据。“过去”的曲线被修订，合并了线上和线下业务，一些非本质的因素也从考虑流程中被剔除了。“未来”的战略改变了行业整体的战略布局，取消了关系管理，增加了交易确认和追踪服务。

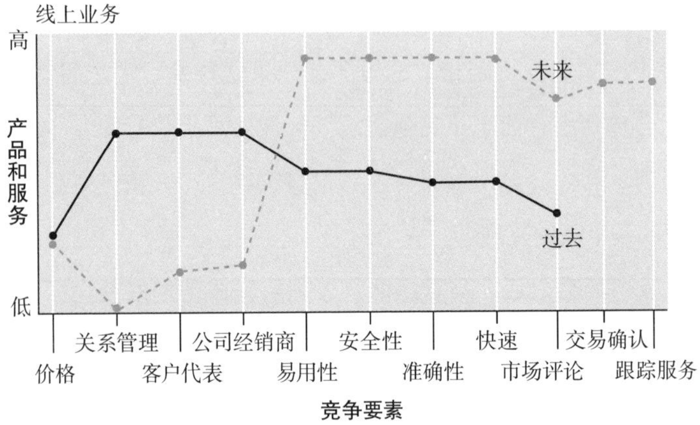

正如图所示，新的战略彻底取消了客户关系管理，减少了客户经理，此后，客户经理只会指定安排给3A客户。EFS的新战略强调易用、安全、准确和快速。这些因素会通过电脑来实现，客户可以直接输入数据而不需要给EFS发传真。这个做法还能让公司经销商腾出更多时间，不用再花大量时间去完成各种书面工作和修改错误。虽然公司经销商的数量减少了，但是现在它们能够提供更丰富的市场评论，而这正是一个关键的成功因素。通过互联网，EFS可以给客户自动发送交易确认。它还提供支付跟踪服务，就像联邦快递公司和联合包裹服务公司为包裹做的跟踪服务一样。外汇兑换行业从来没有提供过这些服务。

在集团层面使用战略布局图

让战略可视化可以极大地促进事业部之间以及事业部与集团总部的交流。各事业部互相展示各自的战略布局图，可以加深对集团业务组合中其他事业部的了解。而且，这个过程促进了战略规划最佳实践在各个事业部之间的推广。

三星电子公司在2000年的集团大会上使用战略布局图来说明战略制定过程，当时有包括首席执行官在内的70多名高管参加。事业部总经理相互介绍，同时也展示给高管层级各自的战略布局图和相应的实施计划。讨论非常热烈，有一些事业部总经理争辩说自己的事业部由于竞争太激烈，制定新战略的空间被限制了；业绩不佳的事业部表示除了和竞争对手的产品及服务抗衡外别无他法。但当手机事业部这个发展最快的事业部呈现它的战略布局图时，这些假设都失去了说服力。这个业务有着独特的价值曲线，尽管它也面临激烈的竞争。

事业部总经理们是否缺乏对集团内其他事业部的了解？公司的战略规划最佳实践是否未能在所有事业部之间得到分

享？绩效欠佳的事业部是否很快把业绩不佳归因于竞争形势？如果你对以上问题的答案都是肯定的，那么尝试让各事业部描绘一下自己的战略布局图，然后在各事业部之间分享。

这条新的价值曲线体现了成功战略的标准。比之前那条更聚焦，对已决定投资的因素更加笃定。它还不同于行业里那些大家都差不多的曲线，因而也有了一条打动人心的标语：“公司外汇兑换业务领域的联邦快递——简易、可靠、快速、可追踪。”

可视化沟通

战略一旦制定好，最后一步就是用所有员工都能理解的方式传达下去。EFS用一页纸呈现了新旧战略布局图，分发下去给每个员工，员工可以看到公司所处的位置和自己要专注努力的方向。参加战略制定的高层经理们召开会议，向直接下属通盘说明这个布局图，解释要剔除、减少、提升或创造哪些要素以实现新的战略。然后这些下属再向下一层级的员工传达相同的信息。所有员工都对清晰明了的战略规划充满激情，很多人把战略布局图钉在自己工位的隔板上，随时提醒自己新的工作重点及需要弥补的差距。

新的战略布局图也用于指导所有投资，只有那些能帮助EFS从旧的价值曲线转变到新的价值曲线的想法才会被给予“绿灯”。例如，当区域办公室请IT部门在网站上增加链接时，IT部门会让他们解释新的链接将如何帮助EFS实现新的战略布局，这在以前无须讨论就会直接批准。如果区域办公室无法做出解释，这个申请就会被拒绝。同样地，当IT部门向高管推荐一个几百万美元的后台系统时，高管只以系统是否能满足新价值曲线的要求作为判断标准。

当然，描绘战略布局图并不是战略规划过程的全部。在某些阶段，也必须对数据和文件进行整理和讨论。但我们相信，如果管理者从大局着手，细节就很容易各就其位。完成战略可视化的4个步骤，可以让战略真正成为战略性规划，制定出制胜秘籍的可能性将大大提高。正如亚里士多德所说：“没有图像，灵魂永远不会思考。”

（第一次发表于2002年6月）

引爆点领导法

管理者要想实现绩效飞跃，可以尝试学习引爆点领导法。以令人记忆深刻、无法辩驳的方式号召改革；把资源集中在关键的事件上；动员组织中的关键成员并获得他们的承诺；成功地让大声唱反调的人不再发出反对的声音。这是一种有套路可循，而且可复制的高效领导法。

1994年2月，威廉·布拉顿被任命为纽约市警察局局长，当时警察局的状况对他而言并不妙。纽约市警察局当时有20亿美元预算和35000多名警察，是出了名的难管。这支队伍充斥着对管辖权和资金的势力斗争；警察的薪水比周边市县的同行低；警察的晋升与其表现毫无关系；犯罪情况已经失控，以至于媒体把纽约称为Rotten Apple（烂苹果）[1]。的确，许多社会学家统计的数据表明，纽约市的犯罪率30年来持续上升，警察能做的就是有一宗应付一宗（因为根本应付不过来）。

然而不到两年，布拉顿就把纽约变成了美国最安全的大城市之一，而且没有要求增加预算。1994—1996年，纽约市重大犯罪案件数量减少了39%，谋杀犯罪数量减少了50%，盗窃犯罪数量减少了35%。盖勒普调查数据显示，公众对纽约市警察局的信任度从37%上升到了73%，警察局内部员工调查也显示，工作满意度达到了历史新高。毫不意外，布拉顿的受欢迎程度也急速上升。1996年，他成了《时代》杂志的封面人物。更令人赞叹的是，他带来的改变在他卸任后一直保持着，这意味着警察局的组织文化和战略已经发生了根本性转变。纽约市的犯罪率也在持续下降。

① 纽约市的英文别称是Big Apple（大苹果）。

2002 年公布的数据显示，纽约市的犯罪率在美国 25 个最大的城市中是最低的。

对任何一个警察局长来说，纽约市警察局的局面扭转令人印象深刻。但对于布拉顿而言，在他 20 年的从警生涯中，至少曾 5 次成功重塑警察局，纽约市警察局只不过其中之一。后来洛杉矶市又把他请去改造那里的警察局，希望他能够再现纽约和波士顿的治警辉煌（参见表格“布拉顿在行动”，了解他的成功经验总结）。

是什么让布拉顿如此成功呢？作为管理领域的研究者，我们一直醉心于研究是什么因素带来了高绩效或让每况愈下的组织突然重获新生。为了找到促使绩效表现飞跃的共同原因，我们建立了一个拥有超过 125 个商业及非商业组织的数据库。布拉顿在 20 世纪 90 年代初首次引起了我们的注意，我们听说了他改变纽约市警察局的故事。布拉顿的特别之处是，他都是在很短的时间里解除了管理者一致认为妨碍高绩效的四大阻力：安于现状、资源有限、员工士气低落和遭到既得利益集团的强烈抵触。

布拉顿在行动

纽约市警察局并不是布拉顿的第一个重塑案例。下面的表格总结了他 20 年间作为政策改革者所遇到的挑战和取得的成就。

区域	波士顿 第四区警察局	马萨诸塞湾 交通管理局	波士顿 大都市警察局	纽约市 交通警察局	纽约市 警察局
年份	1977—1982	1983—1986	1986—1990	1990—1992	1994—1996
职位	警佐、中尉	警长	警长	警察局长	总警督
背景	袭击、涉毒、卖淫、在公共场所饮酒、涂鸦在这个区域非常普遍。 波士顿民众不敢去看垒球比赛或参加其他活动，也不去芬威社区购物，担心被抢、被攻击，或车被偷。	过去5年里地铁内犯罪率持续上升。 媒体把波士顿地铁称作“恐怖列车”。 《波士顿全球报》对马萨诸塞湾交通管理局的无能进行了系列报道。	波士顿大都市警察局缺乏现代设备、程序和纪律。 硬件设施正在被损毁。 波士顿大都市警察局600多名员工缺乏责任感和纪律性，士气低落。	过去三年犯罪率以每年25%的速度上升，达到城市平均犯罪率的两倍。 公众大幅减少乘坐地铁。民意调查显示纽约人认为地铁是该市最危险的地方。 每天有几万人逃票，每年造成该市8000万美元的损失。 强行乞讨和蓄意破坏现象非常普遍。地铁系统里住着超过5000人。	中产阶级逃离到郊区，寻求更高质量的生活。 公众对高犯罪率感到失望。犯罪被视为社会规范的崩溃。 警察局的预算持续收缩。纽约市警察局的预算，除了人工费用外，削减了35%。 警员士气低落，他们的工资相对较低。

续表

区域	波士顿 第四区警察局	马萨诸塞湾 交通管理局	波士顿 大都市警察局	纽约市 交通警察局	纽约市 警察局
成果	整个芬威地区的犯罪率大幅下降。 随着整个区域治安环境变好，游客、居民和投资重返该区。	马萨诸塞湾交通管理局辖下犯罪率下降了27%，拘捕数从每年600单上升至1600单。 马萨诸塞湾交通管理局的警察在国家认证委员会对警察局的认证中，有800多项达到优秀的标准。全美只有13个警察局达到了这个水平。 在任期内新添置的设备：55辆中型轿车、新制服和新标识。 地铁乘客数开始上升。	员工士气随着布拉顿注入责任感、约束力和荣誉感而提升。 三年后，大都市警察局的形象发生了巨变，从自我形象很差、公众形象更差的萎靡不振、无所事事的被动状态，转变成有自豪感、积极的形象。 在任期间新添置的设备：100辆新车、一架直升机和先进的无线电系统。	两年之后，布拉顿把重罪率降低了22%，其中抢劫犯罪率下降了40%。 对地铁的信心增强，乘坐率也上升了。 逃票情况减少了一半。 任期内新购置的设备：先进的通信系统、先进的警务手枪和新的巡逻车（增加了一倍）。	整体犯罪率下降了17%。 重罪率下降了39%。 谋杀犯罪率下降了50%。 盗窃犯罪率下降了35%（抢劫犯罪数量减少了1/3，入室盗窃数量减少了1/4）。 相比1990年，减少了20万名犯罪受害人。 在布拉顿任期结束时，有73%的被调查者对纽约市警察局持正面评价，而4年前只有37%。

-观点概述-

在变革中挣扎的组织如何克服面临的阻力，即安于现状、资源有限、员工士气低落和遭到既得利益集团的强烈抵触？警察局长布拉顿5次成功破解难题，他的经验值得好好学习。他极具戏剧性地把纽约这个当时美国最危险的城市改造成了全美最安全的城市之一。布拉顿运用了引爆点领导法：他发出无可争辩的改革号召，集中资源在关键事情上，发动主要参与者，获得他们的承诺，并让反对者不再唱反调。

不是每一个高管的性格都和布拉顿的一样，但如果他们遵从成功的模式，就具备了成功的潜力。

几年里，通过我们的专业资源和人脉以及在公共领域丰富的公开信息，我们系统地比较了布拉顿重塑警察局的战略、管理方式及取得的成绩。我们还面谈了重要的参与者，包括布拉顿本人以及许多因职业兴趣或个人兴趣跟踪了这些事件的人。从研究中我们得出结论，布拉顿所有的重塑经历都是引爆点领导力的教科书式的案例。引爆点理论广为人知，它的理论来源于流行病学说。它依赖这样一个洞察：在任何组织中，当一定数量的关键人群的理念和能量形成后，新想法的转化就会像流行病一样蔓延开，极快地带来根本性变化。引爆点理论指出，这样的巨变只能由这种人来引发：他以令人记忆深刻、无法辩驳的方式号召改革；他把资源集中在关键的事件上；他动员组织中的关键成员并获得他们的承诺；他成功地让原先大声唱反调的人不再发出反对的声音。布拉顿在其所有的重塑案例中都做到了上述这些要点。

许多管理者只是梦想像布拉顿一样取得绩效飞跃。即使是杰克·韦尔奇也用了10年时间和数千万美元才重塑了通用电气公司，使其变得像今天这样强大。很少有首席执行官像韦尔奇那样，既有时间又有金钱，甚至那些只是想进行相对温和变革的首席执行官，很多很快就被面临的巨大阻力吓退了。但是，我们发现梦想真的可以变成现实。布拉顿的重塑案例让我们特别兴奋的地方在于，他克服横亘在通向高绩效之路上的阻碍的方法出奇地一致。因此，它的成功不仅仅是性格使然，也是有套路可循的，可以复制。也就是说，引爆点领导法是可以习得的。

接下来，我们会列出促使布拉顿克服内部阻力达到引爆点的方法。第一，布拉顿如何克服认知阻力，让公司认识到根本性变革的必要性；第二，他如何成功处理公共部门资源有限这一通病，甚至把这些转化成了自己的优势；第三，布拉顿如何克服让最富激情的警察也感到气馁的阻力；第四，面对强大的有影响力的反对者，布拉顿如何干净利落地击退了可能影响成败的抵抗（参见图示“引爆点领导法一览”)。

引爆点领导法一览

像布拉顿这样的领导者使用 4 个步骤，带来了快速、剧烈和持久的变革，而且使用的资源较少。图中显示的认知及资源阻力代表的是组织在确定战略方向和制定战略时会遇到的障碍。动力及政治阻力妨碍了战略的快速执行。引爆所有 4 项阻力，可以让战略快速地明确方向并得到执行。当然，克服这些阻力是一个持续的过程，因为今天的创新很快就会成为明天的传统。

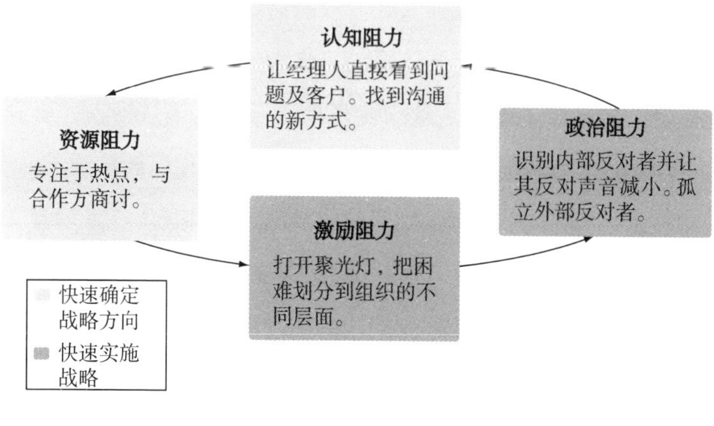

打破认知阻力

在许多重塑案例中，最艰巨的斗争就是让人们认同目前问题产生的原因并同意改革的必要性。许多首席执行官在提出变革的理由时，只是指着数据强硬要求把业务做得更好。但只是通过数字来传达的信息很少起作用。首席执行官要争取和自己在一条战线上的是业务管理者，而他们觉得仅有数据支持的变革理由抽象而遥远。那些表现还可以的业务单元认为批评并不指向自己，问题出在高层。表现不好的管理者觉得自己收到了通牒，开始担心能否保住工作，很可能开始去市场上找工作，而不是想办法解决公司问题。

出于这些原因，像布拉顿这样的引爆点领导者不会只靠数字来打破组织的认知阻力，他们会让管理者亲自面对运营问题，这样管理者就无法逃避现实。差强人意的表现为他们亲眼所见，而非道听途说。以这样的方式沟通意味着直指人心——绩效很差，必须纠正！管理者们因此相信扭转局面是必须的，而且他们能够做到。

1990 年 4 月，布拉顿刚到纽约领导交通警察局。他发现没有一个高级警官坐过地铁，他们每天乘坐政府提供的汽车上下班或出行。他们养尊处优，从不知道乘坐地铁的实际情况，再加上各种数据显示纽约市的重大犯罪案件只有 3% 发生在地铁，这些高级警官对于在民众间不断蔓延的安全担忧基本无感。为了破除他们的自以为是，布拉顿要求所有的交通警察乘坐地铁上下班或外出参加会议，并从他自己做起。很多警官多年来第一次感受到普通市民乘坐地铁的体验，以及他们的下属所面对的情形：出入闸口拥挤不堪，乞丐强行乞讨，不良社会青年翻越闸口，站台上的乘客推推搡搡，酒鬼和流浪汉横七竖八地躺在长凳上。目之所及，整个地铁充斥着恐怖和混乱，即便很少发生重大犯罪案件又怎样呢？面对不堪的事实，高级警官们再也无法回避他们的治安管理方法需要做出改变这一事实了。

布拉顿还使用相似的办法让上司体会到他的难处，例如，在他管理马萨诸塞湾交通管理局时，该局董事会决定购置小型警车，这些车的价格和运营成本较低。布拉顿没有为这个决定去争吵，他把马萨诸塞湾交通管理局的总警督请来巡视自己的区域。布拉顿用类似准备购置的那种小型警车来接上司，他把座椅向前推了一点，这让总警督感受到了一个6英尺高的警察座位空间是多么局促。然后布拉顿开着车碾过每一个看得见的坑洼。布拉顿还全副武装，戴上皮带、手铐、手枪，这样总警督就可以看到当警察戴上所有行当和工具时，车里就几乎没有空间了。仅仅两个小时，总警督就想下车了。他说不知道布拉顿怎么可以忍受得了在如此狭促的车里待这么长时间，这还只是他一个人在车上，更不要说在后座带上一个罪犯了。布拉顿因此得到了他想要的大一点的警车。

布拉顿坚持要求他的警察与其所管辖区域的社区群众见面，直接体验民情。群众的反馈通常能反映真实情况。20世纪70年代末，在波士顿第四区警察局有音乐厅、教堂和其他文化机构，但这个区域犯罪现象飙升，民众越来越害怕，陆续卖掉房子搬走，迫使整个社区走向下坡路。然而，业绩数据并没有反映这个现实。第四区警察局看起来工作很出色：快速响应911报警电话，不辞辛苦地追踪重罪犯人。为了解决这个矛盾，布拉顿要求各分队在学校教室及市政中心组织社区会议，让市民可以向片区警长说出他们的担忧。虽然这个做法听起来很有道理，但是在波士顿警察局历史上却是第一次有人尝试这么做，这主要是因为当时波士顿警察局要求警察和社区民众保持距离，以减少警察腐败的机会。

这个做法的局限性很快在社区会议上表现出来。会议以警察的展示和告知开场，让大家听到他们正在做的事情及其原因。但是当市民被邀请参加讨论他们所担忧的问题时，巨大的认知差异就暴露出来了。警察为破了重大案件，如大型盗窃案和谋杀案而扬扬自得，而市民很少从这类案件中感受到危险，他们烦恼的是一些频繁的小骚扰：卖淫、乞讨、弃于街头的破车、水沟边的酗酒者及人行道上的垃圾等。片区会议很快变成了对第四区警察局重点工作的全面调整。

之后，布拉顿在各个重塑案例中都采用了这样的社区会议形式。布拉顿的内部沟通策略对于打破认知阻力也起到了重要作用。传统上，警察局的内部沟通主要依赖备忘录、员工公告和其他文件。布拉顿知道，很少有警察有时间或有意识去读这些文件，而是把它们扔进垃圾桶。警察依赖小道消息和媒体报道来了解总部发生了什么，所以布拉顿专门从外面聘请了沟通专家来帮忙。

例如，在纽约，布拉顿聘请了约翰·米勒这位以大胆创新出名的电视新闻调查记者作为他的沟通大师。米勒安排布拉顿录制了电视沟通视频并反复播放，产生的效果是，布拉顿以及他的观点与他想争取的群众之间的距离拉近了。同时，米勒在记者界的关系让媒体采访及报道都和布拉顿在内部传递的意思紧密呼应。

绕开资源阻力

当组织里的人接受了改革的必要性，并大致同意需要做的事情之后，领导者通常要面对一个残酷的事实——资源有限。他们有钱进行必需的改革吗？这时，大多数改革派CEO会做这一两件事。他们要么把自己的雄心减弱一些，顶多把公司做成平均水平，员工为此再次感到士气低落；要么努力向银行或股东争取更多资源，这个过程需要很长时间，会把精力耗费在关键问题之外。

这样的陷阱完全可以避开。像布拉顿这样的领导人知道如何不用额外的资源就达到组织的引爆点，他们能以手上既有的资源做成很多事。他们做的就是把资源用在最需要改变且最可能产出最大回报的地方。这个做法事实上是布拉顿著名的（曾经引起热烈讨论的）零容忍治安管理哲学的核心。

在赢得人们对改革的支持之后，布拉顿必须说服他们对运作中完全错误的做法毫不留情。这时，布拉顿转而利用数字说明问题，他非常精于以此道推动重要的变革。以控毒部门为例。布拉顿的前任局长把响应 911 报警电话作为首要任务，所以纽约警察局只有少于 5% 的警力用在打击毒品犯罪上。

在一个与纽约市警察局所有主管的会议上，副总警督杰克 · 迈普让在场的所有人估计一下涉毒案件的比例。大多数人说 50%，有人说 70%，最低的猜测也有 30%。以大家的估计为基础，迈普指出，控毒部门的人力配置只占警察队伍的 5%，严重不足。另外，控毒警队主要在周一到周五工作，而大量毒品交易及与毒品相关的犯罪行为都发生在周末。事实摆在眼前，布拉顿重新配置员工和资源的重大改革要求马上就被接受了。

仔细研究事实可以解释哪些政策的改变能够减少资源需求，这从布拉顿在纽约市交通警察局局长任期上的作为就能看出来。布拉顿的前任使劲游说增加资金以增加地铁警察的数量，理由是在每一条地铁线路上增加乘警以及在地铁系统的 700 个出入口都安排警察巡逻，才是制止抢劫的唯一方法。相反，布拉顿相信解决地铁犯罪问题不是靠投入更多资源，而是要把好钢用在刀刃上。为了证实这一点，他让员工分析地铁犯罪的高发地点，发现大部分犯罪行为都发生在几条地铁线上的那几个站点，说明有针对性的策略是可以奏效的。同时，他让案件高发点的警察脱下制服换上便装。犯罪分子很快就意识到，没有看到穿制服的警察，未必就说明没有警察在场。

警察人数的分配还不是唯一的问题。布拉顿分析发现，警察过多地把时间浪费在处理抓捕案件上，每个抓捕案件需要花 16 个小时来记录疑犯信息并把文件归档。警察特别讨厌这些冗长的流程，以至于遇到小案件他们都不太愿意抓捕罪犯。布拉顿意识到如果他能提供一个临时场所处理这个问题，就能大幅增加警察巡逻时间，更不用说提高警察的积极性了。他的解决方案是把旧的公共汽车改装成抓捕处理中心。这些旧的公共汽车就停在离目标地铁站不远的拐角处。如此一来，处理抓捕案件的时间从 16 小时减少到了 1 小时。这样的创新大幅减少了地铁犯罪现象，还没有增加任何时段的在岗警察数量。（“交通警察局的战略布局图：布拉顿如何重新部署资源”展示了布拉顿是如何从根本上重新部署交通警察的资源到更重要的领域去的。）

交通警察局的战略布局图：布拉顿如何重新部署资源

我们喜欢用战略布局图这个工具来比较公司间的战略，这可以凸显战略和资源分配的差异。以下展示的战略布局图就布拉顿在纽约市交通警察局任局长前后的战略和资源分配进行了比较。纵轴表示资源投入的程度，横轴表示资源投向的各个战略要素。即使资源分配做出了重大调整，业绩也得到了极大提升，但是总的资源投入仍保持一致。布拉顿的做法是把交通警察工作中的一些传统要素取消掉或不再作为重点，但是增加了其他要素的重要性或增加了新的要素。比如，利用旧的公共汽车作为流动中心来处理抓取的疑犯的信息登记，从而减少了警察用于此项工作的时间。

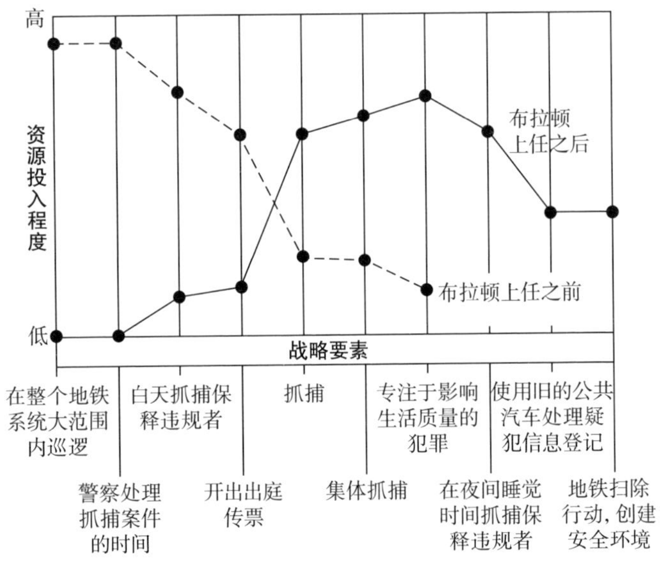

布拉顿推动数据驱动的巡逻方案后来促成了著名的Compstat犯罪数据库的产生。这个数据库用来识别警察出警次数最多的犯罪高发地点，记录了每周在每个片区、每个街区以及整个城市的犯罪和

抓捕行动，包括时间、地点和相关的执勤活动。Compstat数据库使布拉顿以及整个警察局能轻易地分清已有的和新出现的犯罪高发地点，以便有效地、有针对性地调整资源部署。

除了重新部署自己可控的资源，布拉顿还致力于用不需要的资源换取所需的资源。公共部门的领导不太愿意向别人说资源出现了冗余，更不要说把资源借给其他部门，因为多余资源是要被重新分配的。于是时间一长，一些部门得到了大量不需要的资源，而在其他方面又面临资源短缺。例如，在布拉顿晋升为交通警察局局长时，他的法律和政策顾问迪安·伊瑟曼发现交通警察局有很多还未刷标识的车辆，他们并不需要这么多车，但极缺办公场所。另一方面，纽约假释管理局缺少车辆，却有多余的办公场所。伊瑟曼和布拉顿提出进行交换，假释管理局很感激地接受了这个交易。交通警察们非常开心地得到了市中心黄金地段建筑的第一层作为办公室。这项交易增强了布拉顿在组织内的威信，这使他后来推出重大改革时进展更顺利。在他的领导看来，布拉顿是一个善于解决问题的家伙。

跳过激励阻力

引起员工对改革必要性的警醒以及明确如何以有限资源完成改革，是达到组织引爆点所必需的。但是如果要把新战略变成一场运动，员工不仅必须认识到需要做什么，还必须有动力去做。很多CEO认识到了激励员工做出改变的重要性，但他们会犯一个错误，就是尝试改革整个组织的激励机制。这个过程要花很长时间，而且代价高昂，因为大公司里要求的激励方式太多。

布拉顿解决激励问题的一个方法是把重要影响者挑选出来，他们可以是组织内的，也可以是组织外的。他们有着与其位置不对称的影响力，可能来自与组织内其他人的关系、说服别人的能力，甚至阻拦他人获得资源的能力。布拉顿认为这些影响者就像保龄球的中央球瓶，当它被恰当地击中时，其他球瓶就会全部应声倒下。对这些主要影响者的激励做对了，组织就不必设法激励每一个人。

但最终每一个人都会被触及并被改变，因为大多数组织内关键影响者的人数相对少一些，这些人可能有相同的问题或顾虑，所以CEO们比较容易发现这些人并激励他们。

布拉顿激励关键影响者的方法是把他们放在聚光灯下。他对纽约市警察局运营模式最重大的改革可能是设立了每周两次的战略回顾会议，要求高层和纽约76个片区的警长都要参加。布拉顿明确警长就是纽约市警察局的关键影响者，因为他们每个人直接管理200~400个警察。所有高级警官都必须参加会议，包括三星警督、副总警督和区域警长，布拉顿自己也尽可能多地参加会议。

会议在警察局指挥中心的报告厅举行。在会议上，一位被选出的片区警长会被叫到高级警官组成的评委会面前（选出的片区警长仅提前两天接到通知，这样所有的警长都会保持警惕）。在聚光灯下的警长由评委会及其他警长就其片区的表现进行提问。警长负责解释从Compstat数据库整理而来的图表，说明片区犯罪的特点以及在什么时候什么地点做出了响应。如果治安管理活动没有快速响应增加的犯罪事件，片区警长就要提供具体的解释；警长还会被问到警察如何解决片区的问题以及片区的表现为什么得到了改善或继续恶化。这些会议让布拉顿和他的高级警官们仔细监测及评估警长们在激励和管理下属方面做得好不好，以及是否专注于做好战略热点。

这些会议从多个方面改变了纽约市警察局的文化。会议让每个人清晰了解自己的责任和成果，形成了一种绩效文化。每位参加会议的人都会收到一份会议资料，首页印着即将接受“拷问”的警长的照片，这就强调了这位警长对其片区的结果负责。能力不足的警长无法再指责相邻片区，以此为借口来掩饰自己的失败，因为相邻片区的同僚也在会议室里，会为此进行反驳。同样道理，高绩效的人或因其片区治安环境的改善，或因帮助其他片区警长，在会议上有机会得到认可。这些会议还让警官们能够分享经验，在布拉顿上任之前，这些片区警长很难聚在一起。一段时间之后，这种管理风格渗透到各个层级，因为片区警长们都在尝试类似的会议形式。由于聚光灯明亮地打在了他们取得的成绩上，警长们备受鼓舞，带领着自己管理的所有警察朝着新战略前进。

当然，运用这种激励工具最大的挑战是保证每个人都觉得过程是公平的，以及无论结果好坏，都把它看作学习经验教训的过程。这样做增加了组织的集体优势并增加了每个人成功的可能性。布拉顿解决过程公平的方法是，让所有关键影响者参与到过程中，设定清晰的业绩期望，并解释为什么战略回顾会议对于迅速实施政策而言是必要的。布拉顿解决学习问题的方法是，坚持让高层领导在会议中发挥积极作用，他本人则积极担当会议主持角色。片区警长可以讲自己的成功与失败，不必担心自己在炫耀或者感到难堪。干得好的警长不会被看作自吹自擂，因为他们是在高层管理团队的询问下展示如何取得这些成绩的。听取报告的警长们也免除了被同事教训的难堪，至少他们不必放下身段去向同僚索要这些信息了。布拉顿制作了一个电视录像片段，幽默地讽刺了片区警长们接受的“煎熬”，表明他理解自己对警察们提出了很高的要求，布拉顿的受欢迎程度因此迅速攀升。

布拉顿还利用了另外一个激励机制：画清困难的边界。对引爆点领导者而言，画清困难的边界微妙而敏感，除非大家相信能够实现，否则重塑不可能成功。事实上，布拉顿在纽约市的目标太宏大，让人难以置信。谁会相信纽约市能成为美国最安全的城市之一？谁会为追求一个不切实际的梦想而投入时间和精力？

为了让这个挑战看起来能被克服，布拉顿把它划分成了一系列具体的目标，不同层级的警察可以与之关联。他是这样说的：纽约市警察局面对的挑战是让纽约的街道变得安全，“每一个街区、每一个片区、每一个大区都安全”。这样框定任务，既涵盖了所有工作，又可以得到执行。对于在街道上巡逻的警察，他们的任务就是保证自己负责的街区安全，没有别的；对于警长，他们的任务就是保证自己负责的片区安全，没有别的；大区警长也有在其能力范围内非常明确的目标，即保证自己负责的大区安全，没有别的。不管身居何职，没有警察会认为对他们的要求太苛刻，也不会说自己没有能力完成要求的工作。这样，重塑警察局的责任就从布拉顿一个人转移到了几万人的警察队伍中的每一个人身上。

瓦解政治阻力

办公室政治是公共部门或公司里无法逃避的一个现实。布拉顿学到这个教训的过程很艰难。1980 年，布拉顿 34 岁，是波士顿第四区警察局里最年轻的中尉之一。他骄傲地在办公室立起一块牌子，写道：“年轻和能力总是能战胜年龄和背叛。”短短几个月后，布拉顿把牌子拿走了。由于办公室政治以及自己的盛气凌人，他被调到了一个没有前途的岗位上。之后他再也不会忘记在推进改革过程中了解权术、阴谋和政治的重要性。一个组织即使已经到了引爆点，强大的既得利益者还是会抵制即将发生的改革。改革越可能发生，这些内外部的反对者就会越激烈、越大声地对抗，以保护自己的利益，他们的抵触会严重破坏甚至中断改革的进程。

布拉顿预计到了这些危险，于是提早识别出唱反调的重要影响者，并设法让他们减少不和谐的声音。为了达到这个目的，他总是保证自己的高层团队里有一个受尊敬的资深人士。例如在纽约市警察局，他任命约翰·蒂曼尼作为二把手。蒂曼尼是警察中的警察，由于他对纽约市警察局的奉献以及获得过的60多枚勋章，警察们对他又敬又怕。在警队的20年时间让他对谁是重要影响者以及他们会怎样耍手段了如指掌。蒂曼尼的首要工作是向布拉顿汇报高级警官们对布拉顿零容忍治安管理理念的态度，识别哪些人会反抗，哪些人会暗中破坏。大量警官也因此被更换。

当然，不是所有反对者都会被更换，否则就没有足够的人留下来管理路障了。因此，在很多情况下，布拉顿是用实例和无可争辩的事实让反对的声音消停下去。比如，当开始要求片区警长整理细致的犯罪地图、汇总信息，用于战略回顾会议时，很多警长抱怨说这项任务占用了太多时间，浪费了宝贵的出警时间，还不如更好地用于打击犯罪。预计到这样的反驳，副总警督杰克·迈普建立了一个报告系统，涵盖了纽约市大部分犯罪频发地区，每天只需花不到18分钟时间操作这个系统，就如他对片区警长们所说的：这还占不到每个片区工作量的1%。这下还有什么好争论的呢？

改革最大的反对者经常来自外部。像商业企业一样，公共部门的战略改革对其他组织也会产生影响，如合作伙伴和竞争对手。如果其他参与者对现状很满意或有足够的力量对抗改革，改革很可能就会遭到抵制。布拉顿处理这些反对者的方法是在自己的辖区内与其他独立势力建立广泛的联盟，从而孤立反对者。比如在纽约时，对布拉顿改革的最大威胁之一来自纽约市法院，他们担心零容忍的治安管理会造成大量轻罪案件挤满法院的日程。

为了绕过法院的反对，布拉顿寻求了大人物的支持——纽约市市长鲁道夫 · 朱利安尼，他对地区法官、法院和在雷克斯岛上的城市监狱有相当大的影响力。布拉顿的团队向市长证明法院系统有能力处理“影响生活质量”的小案件，尽管做这些工作很可能对法院来说并不那么愉快。

市长决定进行干预。虽然认同大力打击犯罪的行动短期内会给法院带来案件量的飙升，市长也清晰地表明他和纽约市警察局都相信这项行动最终会减少法院的工作量。布拉顿和市长配合，就可以控制法院处理这些影响生活质量的小案件。看到市长和布拉顿达成一致，法院向纽约市议会提出申诉，主张立法豁免法院处理小案件，理由是这些小案件会阻塞法院系统，并给纽约市带来巨额费用。布拉顿和市长每个星期都召开战略会议，此时，他们拉进来另一个同盟——《纽约时报》，把他们的理由公诸媒体。通过一系列新闻发布会和文章以及每一个访谈机会，零容忍的问题放在了公众面前并成为中心话题，要点非常简单：如果法院不帮助打击影响生活质量的小案件，纽约市的犯罪率将无法得到改善。这不是省钱的问题，而是拯救这个城市的问题。

布拉顿和市长办公室及纽约市最重要的新闻机构结成联盟，成功地孤立了法院。法院也不想被认为在公开反对一项利国利民的举措——它不仅可以让纽约市成为一个更加有吸引力的居住城市，而且最终还可以减少提交到法院的案件数量。市长在媒体上斗志昂扬地声明要打击犯罪行为，城市里最受尊重也最开明的报纸对警察局表示信任，与布拉顿战略对抗的代价将会是巨大的。采用这种睿智的政治手法，布拉顿最大的斗争之一取得了胜利，法案没有通过，法院将继续处理影响生活质量的小案件。经过一段时间之后，犯罪率果然大幅下降。

-理念实践-

达到引爆点的四个步骤

1. 打破认知阻力

提出令人信服的变革理由，不要仅仅指着数字要求更好的结果。抽象的信息产生不了作用，应该让你的关键管理者亲身体验公司遇到的问题。

案例： 纽约人曾经把地铁看成这个城市最危险的地方，但纽约市交通警察局的高级官员对公众的担忧不屑一顾，因为他们没有一个人坐过地铁。为了改掉他们的自以为是，布拉顿要求纽约市所有交通警察，包括他自己，坐地铁上下班。当看到拥挤的出入口闸门、年轻的混混团伙以及无家可归的人时，警官们明白了改革的必要性，并承诺担起改革的责任。

2. 绕开资源阻力

不要降低你的抱负（这会导致你的公司平庸）或努力争取更多资源（这会减少对潜在问题的关注），而是要把现有资源集中到最需要改革的领域。

案例： 大多数地铁犯罪行为只发生在几个特定的地铁站，布拉顿就把警力布置在这几个站点，而不是在每条地铁线和每个出入口都部署警察。

3. 跳过激励阻力

把战略变为行动，人们必须认识到要做什么并且渴望去做，但不要试图改变你的整个组织，这会令你的行动迟缓且代价高昂。只需要激励关键影响者，他们有说服力并有广泛的人际网络，就像保龄球一旦击中中间的瓶子，其他的瓶子就会全部被带倒那样。大多数组织里都有几个关键影响者，他们也看到了同样的问题并同样表示担忧，这就容易把他们识别出来并激励他们。

案例：布拉顿把纽约警察局的关键影响者——片区警长——叫到每周两次的战略回顾会议上，每个警长都像在聚光灯下一样接受同僚和长官的询问，介绍片区的情况。结果怎样？绩效文化、责任感和学习行为由片区警长传递到了组织里。

为了达到目标，布拉顿敦促所有警察守卫纽约每一个街区、每一个片区、每一个大区的安全。

4. 瓦解政治阻力

当组织达到引爆点时，强大的既得利益者仍会拒绝改变。想尽早识别并压制主要反对者，可以在你的高层团队里放一个受人尊敬的高级的知情者。

案例：在纽约市警察局，布拉顿把有 20 年警龄的约翰·蒂莫尼委任为二把手。蒂莫尼知道主要是哪些人在捣鬼，以及他们如何玩政治把戏。一开始，他就识别出了在高层员工中最可能捣乱和抵触的人，然后换掉了这些人。

另外，使用无可争辩的事实让反对者无话可说。布拉顿证明了他提议的犯罪汇报系统每天不需 18 分钟就可以完成，时间紧迫的片区警长也就接受了这个系统。

当然，比尔 · 布拉顿和其他领导者一样，会把功劳归功于其他人。扭转像纽约市警察局这样一个又大又满足于现状的组织，需要集体的努力。但是如果没有布拉顿，或没有一个像他一样的领导者，是不可能达到引爆点的。我们也意识到，不是每个高管都有比尔 · 布拉顿这样的性格，但是只要知道成功的模式，很多人是有潜力成功的。我们尝试呈现这个模式，并敦促想重塑公司但时间和资源有限的管理者记下这个模式。用本文中描述的方法处理达到改革引爆点过程中的阻力，他们就有机会像布拉顿给纽约市民带来成果一样，给股东带来同样的成果。

（第一次发表于 2003 年 4 月）

蓝海战略

什么是驱动盈利性增长的最佳方法？停止在竞争者众多的行业内展开竞争，转而开创蓝海。在那里，你创造并抓住新的需求，给客户提供飞跃的价值，同时也精简自己的成本，并由此带来可观的利润、高速的增长以及持续几十年令对手望尘莫及的品牌资产。

盖·拉里贝特曾是手风琴演奏者，也表演过踩高跷和吞火，现在他是加拿大最大的文化产品出口商太阳马戏团的首席执行官。太阳马戏团由一群街头表演者于1984年创立，至今在全世界90多个城市表演了十多部作品，观众达到4000多万人。太阳马戏团用20年时间取得的收入相当于著名的玲玲马戏团一个多世纪的收入。

太阳马戏团是在一个不太有利的环境中逆势崛起的后起之秀。马戏团行业一直处于长期下滑趋势。其他娱乐形式，如体育赛事、电视、视频游戏等，给马戏团行业蒙上了越来越大的阴影。儿童是马戏团的支柱观众，但他们现在更喜欢打游戏机，而不是看马戏。冉者，动物权益保护组织推动的反对动物表演的情绪越来越强烈，而动物表演传统上一直是马戏团不可分割的一部分。在人才供求方面，玲玲马戏团及其他马戏团赖以吸引观众的明星演员经常开出新的价码。因此，这个行业观众在逐渐减少，成本在日益升高。另外，任何新进入者都会和现有的马戏团竞争。现有的马戏团很难对付，因为在20世纪大部分的时间里，它们已经设立了行业标准。

太阳马戏团如何在这样一个没有吸引力的环境下，用10年时间让收入增加了22倍并获得盈利？马戏团第一场表演的一条标语给出了说明：“我们重新发明了马戏。”太阳马戏团没有在行业既定的框架里竞争，也没有从玲玲马戏团或其他马戏团那里撬观众，但却挣到了钱。它开创了一个没有竞争的市场空间，让竞争变得不相关。它吸引了一个新的观众群体：大人和公司客户。他们以前并不是马戏团的观众，他们以前看戏剧、歌剧或芭蕾舞表演，现在也愿意花几倍于传统马戏门票的钱来体验一场前所未见的娱乐盛宴。

要了解太阳马戏团取得成就的本质，你先要知道商业世界包含两种完全不同的空间，我们称之为红海和蓝海。红海代表当今已有的所有行业，即已知的市场空间。在红海里，行业的边界是明确的，是已被广泛接受的，且竞争的规则广为人知。在红海里，公司靠抢占既有需求的更多份额来超越对手。当市场空间里有越来越多的参与者时，赢利和增长的前景就堪忧了。产品变成了大宗商品，越来越激烈的竞争如血腥战斗，把海水染红了。

蓝海指的是当今还没有的行业，即未知的市场空间，尚未出现竞争。在蓝海里，需求是创造出来的，而不是争夺来的，有大量增长机会，成长迅速而且有利可图。有两种方法可以创造蓝海。在某些情形下，公司可以引入一个全新的行业，就如易贝公司引入了在线拍卖行业。但在大多数情形下，蓝海是从红海里创造出来的，这时公司改变了现有行业的边界，就如我们之后要介绍的太阳马戏团所做的那样。通过打破马戏团和剧院之间的边界，太阳马戏团已从马戏团这个红海里开创了一个崭新且赚钱的蓝海。

我们研究了 30 多个行业，使用的数据甚至追溯到了一百多年前，我们看到了创造出来的150多个蓝海，太阳马戏团是其中之一。我们分析了开创蓝海的公司及身陷红海中挣扎的竞争对手，发现了一个一致的范式，即开创新市场和新行业背后的战略思维，我们称之为蓝海战略。蓝海战略背后的逻辑有别于专注在既有市场里竞争的传统模式。的确有人说管理者很难理解红海战略和蓝海战略的差别，原因是他们在努力从竞争中突围的过程中遇到了太多困难。

我们将呈现蓝海战略的概念，并描述它的典型特征。我们将评估蓝海带来的利润及增长，讨论为什么公司必须在未来开创蓝海。我们相信理解蓝海战略可以帮助当今的公司在不断加速和不断扩大的商业世界里茁壮成长。

-观点概述-

什么是驱动盈利性增长的最佳方法？停止在竞争者众多的行业内竞争。在红海里，公司要努力战胜对手，抢夺既有需求里稍大一点的份额。当市场内的竞争者越来越多时，利润就会减少，增长前景就会变得黯淡。产品变成了大宗商品，更加激烈的竞争把海水染红了。

如何避免竞争？我们建议开创蓝海——没有竞争的市场空

间，竞争变得不相关。在蓝海，你创造并抓住新的需求，给客户提供飞跃的价值，同时也精简自己的成本。结果会怎样？可观的利润、高速的增长，以及持续几十年令对手望尘莫及的品牌资产。

看看太阳马戏团的例子，它创造了结合传统马戏元素和高雅戏剧元素的新行业。仅仅用 20 年，太阳马戏团赚到的钱就相当于世界领先的玲玲马戏团在 100 多年时间里赚到的。

蓝海和红海

虽然蓝海是一个新名词，但它一直都在我们身边。回顾 100 年前，有哪些行业是那时候没有出现的？答案是：现在最基本的行业，如汽车、音乐录制、航空、石油化工、制药、管理咨询，当时都没有听过，或刚开始萌芽。再来看一下 30 年前，问自己同样的问题。跳入脑海的是现在大量的几十亿美元规模的行业，如单位信托基金、手机、生物技术、折扣零售、包裹快递、单板滑雪、咖啡馆、家庭录像带等。仅仅在 30 年前，这些行业还没有真正出现。

现在，展望未来的 20 年。问自己一个问题：到那时有多少行业是今天还没有的？如果历史可以预测未来，那么答案是很多很多。企业创造新行业或改造现有行业的能力非常强大。这一点已经反映在行业分类方式的深刻变化上。有着50年历史的标准行业分类体系（SIC）中在1997年被北美行业分类体系（NAICS）取代。新的体系把标准行业分类体系的10个行业领域扩展到了20个，反映了新行业不断涌现这个事实。例如，在旧体系下的服务领域，现在已经分成了七个部分，包括信息、健康管理、社会支持等。这些分类体系是为了保持标准化和持续性而设计的，新体系替代旧体系表明，创造蓝海带来了显著的经济增长。

显而易见，今后蓝海将一直是增长的引擎，红海这个既有市场空间的前景将逐渐暗淡。技术进步已经极大地改进了行业生产率，促进供应厂商提供前所未有的各种产品和服务。随着国家或地区之间贸易壁垒的减少，产品及其价格的信息可以在全球范围内即时获取，利基市场（指高度专门化的市场）和垄断市场将陆续消失。同时，没有迹象表明需求在不断增长，至少在发达国家是这样。联合国最近的数据甚至指出人口在持续下降，结果是越来越多的行业出现了供大于求的局面。

这样的形势不可避免地加速了产品和服务的同质化（成为大宗商品），激起更多价格战，造成利润率下降。根据最近的研究，美国各行各业的主要品牌越来越趋同。品牌越来越类似，人们的购买决策将更多地基于价格。和从前一样，人们不再坚持只用汰渍洗衣液；

在佳洁士牙膏搞促销的时候，也不再坚持买高露洁牙膏。在竞争对手密集的行业里，无论在经济上行时期还是下行时期，品牌差异化都将变得更加艰难。

矛盾的战略

不幸的是，很多公司在红海里安于现状。我们研究了 108 家公司，86% 的新公司的业务只是线性延伸，即仅对现有行业的产品和服务做增量的提升，只有 14% 有志于开创新市场或新行业。虽然线性延伸型业务占了总收入的 62%，但只贡献了利润的 39%；倒是那 14% 投资于新市场或新行业的公司，它们的收入虽然只占总收入的 38%，利润却占到了惊人的 61%。

那么为什么红海市场的收入和利润存在巨大的反差？部分原因是公司的战略受到了军队战略的严重影响。其战略语言充斥着军用词汇："总部"的首席执行"官"，"前线"的"军队"。用这样的方法描述的战略全是关于红海竞争，关于和对手正面交锋，把对手从地域狭小的战场赶走。相反，蓝海战略是在没有竞争对手的领域开展业务，是关于创建新领地，而不是瓜分现有领地。因此，专注于红海意味着接受了战争的关键限制性因素——有限的地带及必须打败敌人，获取胜利。这也就意味着否认了商业世界独特的优势：开创没有竞争的新市场的潜力。

专注于打败对手的战略趋势在20世纪七八十年代因日本公司的迅速崛起而进一步加剧。大批客户抛弃西方的公司，自企业诞生以来这种情况还是第一次出现。随着全球市场竞争的加剧，涌现出了大量的红海战略，竞争成为公司成败的核心。今天，很少人在谈及战略时不用“竞争”这个词，最典型的用词是“竞争优势”。“竞争优势”的观点认为公司只能战胜对手，在既有的市场空间里取得更大的份额。竞争当然非常重要，但由于只注重竞争，学者、公司和顾问忽略了战略的两个非常重要甚至非常赚钱的方面：一是发现和开发没有或极少有竞争的市场——蓝海，二是培育和保护蓝海。这些挑战和战略专家关注的那些挑战不同。

走向蓝海战略

开创蓝海需要哪些战略逻辑作为指导？为了回答这个问题，我们追溯了过去一百年的数据，以识别开创蓝海的模式。一些数据展示在了“蓝海创新速览”一表里。这个表格呈现了三个与人们生活息息相关的行业的蓝海创新概要：汽车行业——人们开车去工作，电脑——人们在工作中使用它，以及电影院——人们工作之余的娱乐场所。

蓝海创新速览

这张表格识别了三个行业不同时期的蓝海创新的共同战略要素，它并非要全面覆盖所有内容。我们之所以选择展示美国的企业，是因为在我们研究期间，它们代表了体量最大而监管最薄弱的市场。这三个行业示范的蓝海创新的范式与我们研究中观察到的其他行业的一致。

主要的蓝海创新	蓝海是由新进入者还是已有公司创造?	蓝海是由技术创新还是价值创新驱动?	在蓝海创造出来时，此行业是否具有吸引力?
汽车行业			
福特T型车 于1908年面世，T型车是第一款被大量生产的汽车，很多美国人都买得起。	新进入者	价值创新*（技术大多已存在）	不具吸引力
通用汽车公司“各种价格和功能的汽车” 通用汽车公司在1924年开创的蓝海给汽车注入了乐趣和时尚。	已有公司	价值创新（有一些新技术）	有吸引力
日本的节油型汽车 日本汽车厂商在20世纪70年代开创的蓝海是小而可靠的汽车。	已有公司	价值创新（有一些新技术）	不具吸引力

（续表）

主要的蓝海创新	蓝海是由新进入者还是已有公司创造？	蓝海是由技术创新还是价值创新驱动？	在蓝海创造出来时，此行业是否具有吸引力？
克莱斯勒汽车公司的小型面包车 克莱斯勒在1984年生产出小型面包车，创造了一种新车型，像小汽车一样容易驾驶，可以容纳的乘客数量却和面包车一样多。	已有公司	价值创新（技术大多已存在）	不具吸引力
电脑行业			
CTR公司（IBM前身）的制表机器 CTR公司于1914年创造了商用机器行业，它简化和模块化了制表机器，并出租这种机器。CRT公司后来改名为IBM公司。	已有公司	价值创新（有一些新技术）	不具吸引力
IBM公司的IBM650电子计算机和360系统 1952年，IBM创造了商用电脑行业，简化了当时的技术功能并降低了价格。当它在1964年揭开360系统的面纱时，这款首个模块化的电脑系统引爆了650电子计算机所开创的蓝海。	已有公司	价值创新（650型号：技术大多已存在） 价值创新和技术创新（360系统：新的和现有的技术）	该市场尚未出现
苹果公司的个人电脑 虽然它并不是第一款家庭电脑，但一体化的、简单易用的“苹果II”在1978年推出时就是一个蓝海创新。	新进入者	价值创新（技术大多已存在）	不具吸引力

（续表）

主要的蓝海创新	蓝海是由新进入者还是已有公司创造？	蓝海是由技术创新还是价值创新驱动？	在蓝海创造出来时，此行业是否具有吸引力？
康柏电脑公司的个人电脑服务器 康柏公司在 1992 年开创了 ProSignia 服务器这个蓝海，它的文件处理和打印功能是小型电脑的两倍，但价格只是其 1/3。	已有公司	价值创新（技术大多已存在）	该市场尚未出现
戴尔电脑公司根据订单生产电脑 在 20 世纪 90 年代中期，戴尔公司为买方创造了一种新的采购和交付体验，从而在竞争激烈的行业里开发出了一片蓝海。	新进入者	价值创新（技术大多已存在）	不具吸引力
电影院行业			
尼克国际有限电视 尼克国际有限电视在 1905 年开张，工薪阶层花 5 美分可全天观看短片。	新进入者	价值创新（技术大多已存在）	该市场尚未出现
皇宫影院 皇宫影院是罗西 · 罗塔普费尔在 1914 年创立的，该影院提供的观影环境和歌剧院一样，价格在观众可承受范围内。	已有公司	价值创新（技术大多已存在）	有吸引力

（续表）

主要的蓝海创新	蓝海是由新进入者还是已有公司创造？	蓝海是由技术创新还是价值创新驱动？	在蓝海创造出来时，此行业是否具有吸引力？
美国AMC影院公司的多银幕影院 20世纪60年代，美国的多银幕影院如雨后春笋般在郊区的购物中心涌现。多银幕影院给观众更多选择，而且还降低了影院的成本。	已有公司	价值创新（技术大多已存在）	不具吸引力
美国AMC影院公司的超大银幕影院 超大银幕影院于1995年推出，放映热门电影，提供了在体育馆那么大的电影院里观影的奇妙体验，影院的运营成本也更低。	已有公司	价值创新（技术大多已存在）	不具吸引力

* 由价值创新驱动并不代表没有利用技术。相反，这意味着被利用的起决定性作用的多半是已有的技术，无论该技术存在于这个行业或其他行业。

蓝海无关技术创新

领先的技术有时会在开创蓝海中发挥作用，但它不是蓝海的典型特征，即使在科技密集型行业也不是。如上文所示，在所有三个代表性行业里，蓝海很少是科技创新本身的结果，底层技术通常已经存在，即便是福特汽车公司革命性的装配线，在美国的肉类包装行业里也有迹可寻。和汽车行业一样，电脑行业的蓝海不是仅仅靠技术创新得来的，而是把客户看重的价值与技术结合起来，例如IBM 650型号电脑和康柏个人电脑服务器的蓝海来自对技术的简化。

行业内已有的公司通常能开创蓝海，而且常常从其核心业务入手

通用汽车公司、日本汽车制造商和克莱斯勒汽车公司在开创汽车行业蓝海的时候，已经是行业的老牌公司了。电脑行业的CTR及其后来演化出的公司IBM，以及康柏也是这样。在电影院行业，同样情形的有皇宫影院和美国AMC影院公司。上文列出的公司中，只有福特、苹果、戴尔和尼克国际有线电视是行业的新进入者，前三个是初创公司，第四个是成熟的公司进入了一个全新的行业。这说明已有的公司本身在开创新市场空间方面不存在劣势，已有公司通常从其核心业务入手开创蓝海。事实上，大多数蓝海是从行业既有的红海内部，而非红海外部开创的。这推翻了新市场存在于遥远的海域的观点，每一个行业的蓝海就在你身边。

把公司和行业作为分析对象是错误的

传统研究把公司和行业作为战略分析的对象，但用它分析蓝海

如何产生和为什么产生几乎毫无说服力。没有永远优秀的公司，同一家公司可能此时辉煌、彼时迷途，每一家公司都会随时间起起落落。同样，也没有永远优秀的行业，行业的相对吸引力基本上受其内部出现的蓝海影响。

用于解释蓝海创新的最恰当的分析对象是战略行动，战略行动是创造新市场中的产品和服务时的一系列管理行动和决策。例如，很多人觉得康柏公司是失败的，因为它在2001年被惠普公司收购，不再是一个独立的公司，但是康柏公司的最后命运不能否定该公司曾做过的聪明的战略行动，这个战略行动使其在电脑服务器领域创造了几十亿美元的市场，是该公司在20世纪90年代强势回归的关键原因。

开创蓝海帮助建立公司品牌

蓝海战略极其强大，因而蓝海战略行动可以创造出持续几十年的品牌。上文中列出的所有公司因其在多年前创造的蓝海而被清楚地记住。今天几乎没有人看过福特公司1908年出产的第一辆T型车，但是该公司的品牌仍然在从那次蓝海行动中受益。IBM常常被看作一家“美国学术机构”，主要因为它在机器计算方面创造的蓝海，它的360系列电脑的影响力犹如T型车一样深远。

我们的发现让大型已有公司的高层管理者备受鼓舞，这些公司传统上被视为新市场创新的受害者。研究表明，大笔研发经费并不是开创新市场空间的关键，关键是做出正确的战略行动。而且，如果公司明白了什么可以驱动好的战略行动，它就准备好了开创多个蓝海，因而可以长期持续获得高增长和高利润。也就是说，蓝海的创造是战略行动的成果。

-理念实践-

如何开创蓝海？以下是我们的建议。

理解蓝海背后的逻辑

蓝海战略背后的逻辑是反常理的。

它无关技术创新。蓝海很少来自技术创新。通常底层的技术已经存在，而蓝海开创者只是把它和买方价值联系起来。例如康柏公司使用已有的技术创造了ProSignia服务器，让买方用1/3的价格得到了两倍于微型电脑的文件处理和打印能力。

你不必去远处海面探险来开创蓝海。大多数蓝海是从既有行业的红海内部而非外部创造的。已经在行业内的公司通常从它们的核心业务里开创出蓝海。看一下美国AMC影院公司引入超大银幕的例子。AMC是影院行业里一家成熟的公司。超大银幕给电影观众提供了在体育馆般大小的影院里观影的绝佳体验，对于影院所有者来说还降低了成本。

实施蓝海战略行动

实施蓝海战略行动时：

不要把竞争对手作为分析对象。相反，应通过为自己和客户创造飞跃的价值，把竞争变得不相关。福特公司的T型车就是这么做的。那时汽车只是富人才买得起的时尚定制品，富人也只在周末开车出去郊游。福特公司本来也可以往这个方向努力打败对手，但它提供了人人买得起的、耐用的、容易使用和维修的汽车，人们可以天天使用。T型车的销量暴增——福特汽车公司的市场份额从1908年的9%激增到了1921年的61%。

减少成本的同时给客户提供更多价值。太阳马戏团取消了传统马戏中昂贵的元素，比如动物表演。减下来的成本使它可以提供剧院中的高雅元素，如主题表演、原创乐谱和迷人装饰，所有这些元素每年改变一次，对成年人来说很有吸引力。增加的价值吸引了多年未去看马戏的成年人，并吸引他们多次观看。这样收入就增加了。同时把马戏和戏剧最好的部分结合起来，太阳马戏团开创了一个无人匹敌的商业空间，我们还不知道如何定义这种娱乐形式，也没有相同的形式可供参考。

典型特点

我们的研究显示了开创蓝海的战略行动的几个共同特点：蓝海的创造者从来不把竞争对手作为标的，他们把竞争变得不相关，给客户和公司带来了价值飞跃。这和采用传统打法的公司形成了鲜明对比（参见表格“红海战略与蓝海战略对比”，比较了两个战略模式的主要特点）。

蓝海战略最重要的特点，可能就是它拒绝传统战略的基本原则。传统战略看重价值和成本之间的权衡。公司要么增加成本，给客户创造更高的价值，要么以较低的成本创造较低的价值。也就是说，战略本质上是在差异化和低成本之间进行选择。但开创蓝海的证据表明，成功的公司可以同时追求差异化和低成本。

红海战略与蓝海战略对比

红海战略和蓝海战略的必要元素迥然不同。

红海战略	蓝海战略
在现有市场里竞争	开创无竞争的市场空间
打败对手	把竞争变得不相关
压榨既有需求	创造并抓住新的需求
权衡价值与成本	打破价值—成本平衡
其战略是在差异化和低成本之间选择，公司整个系统的业务活动与此保持一致	其战略是同时追求差异化和低成本，公司整个系统的业务活动与此保持一致

让我们回到太阳马戏团的例子。在太阳马戏团刚刚创立时，各个马戏团都注重互相比较，仅对传统马戏表演做些微调，在萎缩的市场需求里尽力扩大自己的份额。它们所做的包括聘用更多知名小丑和狮子驯化师，这些努力没有大幅提升马戏表演给观众带来的体验，却增加了马戏团的成本。结果是成本上升，但收入没有增加，而且马戏的总需求仍呈螺旋式下降。太阳马戏团并没有按照传统的逻辑，同时进一步定义了问题本身，丰富了剧院式的高雅文化和艺术形式。

为了融合这两种有感染力的形式，在设计表演节目的过程中，太阳马戏团重新评估了传统马戏节目的构成，发现许多被看作马戏中有趣和震撼的基本要素都是不必要且昂贵的。比如，许多马戏团都有动物表演。这是一笔繁重的经济负担，因为马戏团不得不为动物本身付钱，还要支付动物的培训费、医疗费、院舍费、保险费和交通费。太阳马戏团还发现人们看动物表演的欲望正迅速降低，因为公众越来越关心马戏团动物的待遇以及动物表演涉及的道德问题。

还有，传统的马戏团把它们的演员宣传成明星，但是太阳马戏团意识到公众不再把马戏演员看作明星，至少不是电影明星那一类。太阳马戏团还放弃了传统的三环式舞台设计，因为这不仅会让观众晕头转向，不得不把注意力从一个环转换到另一个环，还增加了演员的数量，成本明显增加。虽然销售过道位置看起来是增加收入的好办法，但是高昂的价格让人们不愿购买这些位置，他们觉得不值，虽然花了高价，却像被带去兜了一下风而已。

太阳马戏团发现传统马戏历久弥新的吸引力只剩下三个要素：小丑、演出帐篷和经典杂技表演。于是，太阳马戏团保留了小丑，但把原先粗俗滑稽的风格转换成了迷人、高雅的风格。它极力美化渲染演出帐篷，而许多传统的马戏团已放弃拥有自己的演出帐篷，选择租用场地。太阳马戏团认为演出帐篷比任何其他东西都更能让观众体验到马戏的魅力，因此为这个经典的马戏象征设计了绚丽的外观，提升了观众座椅的舒适度。太阳马戏团还保留了杂技演员和其他特技演员，但减少了他们的角色，同时为他们的表演增加了艺术性成分，使其变得更高雅。

太阳马戏团在剥离一些传统的马戏表演元素的同时，也加入了从戏剧世界吸收而来的新元素。例如，传统的马戏团表演是一系列不相关的节目，而太阳马戏团创新设计的每一场表演都和戏剧表演相似，有主题和故事情节。虽然主题故意设计得有些模糊，但这使得节目有一致性和文化内涵。太阳马戏团还借鉴了百老汇的做法，比如，它的演出不是传统的一次性制作、反复演出，而是制作多个不同主题和故事情节；每一个演出都有一份原创的乐谱，用于指导表演、灯光和节目时长，而不是反过来由这些元素来决定乐曲的选用。这些作品以抽象和灵性舞蹈为主，吸取了戏剧和芭蕾舞艺术的精华。引入这些元素，太阳马戏团创造了极为精致高雅的娱乐节目。通过上演一出又一出不同的作品，太阳马戏团让人们有理由一次又一次地来看马戏，因此增加了收入。

太阳马戏团奉上了融合马戏和戏剧精华的表演。通过取消许多非常昂贵的元素，它大幅减少了成本，同时实现了差异化和低成本（关于蓝海战略底层经济模型的描述，请参考专栏“同时追求差异化和低成本”）。

同时追求差异化和低成本

当一家公司的行动既对自己的成本结构有利也对买方价值

主张有利时，这个共同区域就是蓝海。成本节约来源于取消和减少行业内竞争激烈的元素。提出或创造行业内前所未有的元素，以此来提升买方价值。不久之后，成本由于规模经济的形成而降低，超额价值也因高销量而产生。

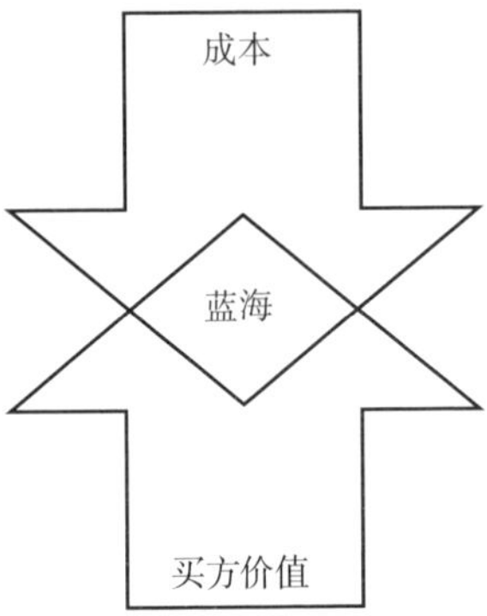

通过压减成本，同时抬高买方价值，公司既可以给自己也可以给客户带来价值的飞跃。由于买方价值源自公司提供的效用和价格，也由于公司可以通过改变成本结构和价格给自己创造价值，所以只有把与效用、价格和成本相关的各项活动系统地恰当地协调一致，才能实现蓝海战略。正是完整且系统的方法让创造蓝海成为可以持续的战略。蓝海战略整合了一家公司功能性和运营性的一系列活动。

拒绝在低成本和差异化之间权衡意味着战略思维的根本性改变，思维改变的重要性再怎么强调都不为过。红海战略假定行业的结构条件是给定的，公司被迫在既定条件下竞争，学术界称这种世界观为结构主义理念或环境决定论。根据这个观念，公司及其管理者受经济力量的支配，而不是靠他们自己。但蓝海战略的世界观认为市场边界和行业可以由行业内参与者的行为和信念来重构，我们称之为重建主义观念。

太阳马戏团的创始人没有被马戏行业的局限性限制住。太阳马戏团在取消、减少、增加和创造了一些表演形式之后，它还是一家马戏团吗？或者是一家剧团？如果是剧团，那是什么类型的剧团？百老汇、歌剧还是芭蕾舞剧？太阳马戏团的奇妙之处是通过吸收其他演出形式，重新构建了自己的艺术形式。最后，太阳马戏团不属于任何一种形式，却有所有形式的影子。在剧团和马戏团的红海内，太阳马戏团开创了蓝海这个没有竞争的市场空间，目前这种新形式还没有具体的名字。

模仿的障碍

开创了蓝海的公司通常在10~15年内不会遭遇实质性的挑战，获利颇丰，如太阳马戏团、家得宝公司、联邦快递公司、西南航空公司和美国有线电视新闻网等。个中原因是蓝海战略给模仿设置了重大的经济和认知障碍。

首先，采用蓝海开创者的业务模式，知易行难。蓝海的开创者迅速吸引了大量客户，可以很快形成规模经济，立即把潜在的模仿者长期置于成本劣势之下。例如，沃尔玛在采购方面形成的巨大规模，让很多其他想模仿其业务模式的公司望而生畏。立即快速吸引大量客户也会产生网络效应。易贝公司拥有越多买家，对卖家就越有吸引力，因此用户也就没有动力去别的地方了。

当模仿涉及改变公司整个体系的活动时，潜在竞争对手的内部机制会妨碍其转向蓝海战略的独特业务模式。例如，其他航空公司想学西南航空公司的做法，提供像开车一样灵活和方便的快速航空旅行，但它们会面对各种重要标准的修改，如航线、培训、市场营销和定价，更不要说文化的改变了。成熟的航空公司很少有这样的灵活性，能够一夜之间做出深入的组织和运营变革。模仿一整套体系不是一件容易的事情。

认知障碍也一样有效。一家公司提供了飞跃的价值，很快就会获得品牌知名度，市场上就会形成忠诚度。经验表明，即使花大价钱做市场营销活动，也很难撼动蓝海开创者的地位。例如，微软公司十多年来一直想占领Intuit软件公司的财务管理软件Quicken创造的蓝海，但尽管投入了大量的努力和金钱，微软公司还是没能动摇Intuit软件公司行业领导者的地位。

在其他情形下，试图模仿蓝海开创者会与模仿者自身的品牌形象发生冲突，比如美体小铺避免使用顶级模特，且没有承诺让人永远年轻美丽，其他著名化妆品牌，如雅诗兰黛和欧莱雅，要模仿美体小铺就非常困难，因为这代表完全否定它们现有的形象，即承诺让人永远年轻美丽。

一个始终如一的范式

蓝海战略作为一个概念可能是新的，但蓝海战略一直存在，不论公司是否意识到这个事实。来看看太阳马戏团创造的戏剧加马戏的体验和福特汽车创造的T型车之间惊人的相似之处。

在19世纪末，汽车行业规模小，没有吸引力。500多家汽车制造商互相竞争，手工打造奢侈版汽车，每辆车售价在1500美元左右。除了富人以外，没有人对这样的汽车感冒。反对汽车的积极分子破坏道路，用有倒钩的铁丝围起停在路边的汽车，并组织抗议活动，抵制开车的商人和政治家。伍德罗·威尔逊（美国第28任总统）在1906年把当时的气氛描述成“没有比汽车更容易散布消极情绪的了”，他把这叫作“财富傲慢的表现”。

福特汽车并没有侧重于打败竞争对手，抢夺既有市场的一杯羹。它重新构建了汽车和马车行业的边界，创造了蓝海。当时，马车是最主要的运输工具。马车有两个优于汽车的独特优势。当时全美的道路大多是土路，马可以轻易绕过土路上的坑洼和泥浆，汽车则不行，尤其在下雨下雪的时候。马和马车更容易维护，而那时的豪华汽车经常坏，需要又贵又稀缺的专业维修师来维修。亨利 · 福特了解马车的这些优势，他从竞争中跳出来，释放出了巨大的未开发的需求。

福特把T型车称作“用最好的材料为大众打造”的汽车。和太阳马戏团一样，福特汽车公司把竞争变得无关。它没有制造时尚的、定制的、只在周末使用的、贵到没有多少人买得起的汽车，而是创造了像马车一样，可以天天使用的汽车。T型车只有黑色一种颜色，没有其他可有可无的装饰。它非常可靠耐用，无论日晒雨淋、风吹雪打，都能轻松地在土路上行驶。它很容易使用和维修，人们可以在一天内学会如何驾驶它。像太阳马戏团一样，福特公司在行业外寻找到了一个定价点，参考马车价格（400美元），而不是其他汽车。1908年，第一台T型车售价850美元；1909年，价格降到了609美元；到1924年，它的价格低至290美元。这样，福特把马车买家转变成了汽车买家，就像太阳马戏团把看戏剧的观众转变成看马戏一样。T型车的销售量激增。福特汽车的市场份额由1908年的9%蹿到了1921年的61%。到1923年，美国大多数家庭都拥有了一辆汽车。

福特公司不仅给买家提供了飞跃的价值，它自己也达到了行业内最低的成本结构。当时流行的汽车生产体系是一大批技术水平很高的手工匠人围在一个工作台周围，把汽车从头到尾一个部件一个部件地制造出来。福特汽车摒弃了这样的做法，代之以高度标准化，有限的选择，以及可以互换的零部件。在福特汽车革命性的生产线上，技术好的手工匠人被没有什么技术的工人取代。工人每人只需要完成一个很小的任务，因而做得又快又好。福特公司生产一辆汽车只需要4天时间，而行业的标准是21天，这又极大地节省了成本。

蓝海和红海一直以来都共同存在，将来也还是这样。因此，现实要求公司理解这两种类型的“海”的战略逻辑。现在，即使要求开创蓝海的业务需求越来越迫切，红海的竞争战略在战略理论界和实践界仍占主导地位。是时候更好地平衡在红海和蓝海上所付出的努力，让两种战略在战略领域平分秋色。虽然蓝海战略家一直都有，但他们的战略大部分是在无意识间形成的。一旦企业认识到开创和获取蓝海的战略所使用的底层逻辑与红海战略的不同，它们就能在将来开创出更多蓝海。

（第一次发表于2004年10月）

重建主义：战略如何塑造结构

结构主义战略假设运营环境是给定的，而重建主义战略则寻求塑造环境。用重建主义战略方式，可以既追求差异化也追求低成本，高绩效因而得以实现。这一战略模型可以打破既有的价值成本平衡，实现战略对于结构的塑造。当今的经济困难，更是增加了对重建主义战略方式的需求。

公司高管制定战略时，总是先分析行业或公司的运营环境，然后评估竞争对手的优势和劣势。掌握了行业和竞争对手的情况后，他们就开始设定独特的战略定位，以此建立竞争优势，以便能战胜竞争对手。为了获得这些优势，公司通常选择提高价格，或降低成本。组织据此战略协调自身价值链，在此过程中制定生产、市场营销和人力资源战略，最后基于所有这些战略制定财务目标并分配预算。

这种做法背后的逻辑是公司的战略选择被环境制约，即结构塑造战略。这就是结构主义方式，它源于工业组织经济学的“结构—行为—绩效”模型。这种方式主导了过去30年的战略实践。依照这种方式，一家公司的绩效依赖于其行为，而其行为依赖于基本结构要素，如供应商数量、买家数量，以及市场进入壁垒等。这个世界观决定了外部条件为因、公司决策为果的思考逻辑，因而公司会决定努力开发这些外部条件。

然而，即使粗略研究一下商业历史，也能看到大量由公司战略塑造行业结构的例子，包括福特汽车公司的T型车及任天堂株式会社的Wii家庭游戏机。在过去15年里，我们开发了一个战略理论，叫蓝海战略，它反映的事实是一家公司的绩效不见得一定由行业的竞争环境来决定。蓝海战略框架可以帮助企业系统地塑造其所在的行业，并以有利于自己的方式反转“结构决定战略”的关系。

蓝海战略根源于经济学领域新兴的内生性增长概念，其核心模型认为，单个参与者的想法和行动可以塑造经济及行业景象。也就是说，战略可以塑造结构。我们称这种方式为“重建主义”。

虽然结构主义方式有其价值而且仍有用，但重建主义方式在特定的经济和行业环境里更适用。事实上，今天的经济困难更增加了对重建主义方式的需求。因此面对组织遇到的挑战时，选择恰当的战略方式是组织管理层的第一要务。但仅仅选择正确的方式是不够的，高管们还要确保整个组织与该方式匹配一致，使业绩可持续。很多高管了解结构主义方式的工作机制，所以本文重点要讲如何让组织与重建主义方式匹配一致，以实现可持续的高业绩。

你的正确的战略方式是什么？

决定战略方式的是三个因素：组织所在的结构条件、组织的资源和能力，以及组织的战略思维。当一个行业或环境的结构条件有吸引力，且你的公司有资源和能力确定一个可行的战略定位，那么结构主义方式很可能会带来很好的回报（参见图示“选择恰当的战略方式”）。即使在一个没那么有吸引力的行业，结构主义方式也能奏效，但需要公司有资源和能力击败竞争对手。不论哪种情况，战略重点是利用组织的核心优势在既定市场内取得可接受的回报（做了风险调整之后）。

选择恰当的战略方式

以下情形适合结构主义方式	以下情形适合重建主义方式
• 结构条件很有吸引力，而且组织有资源和能力形成独特的战略地位	• 结构条件很有吸引力，但市场参与者地位稳固，组织缺乏资源和能力击败对手
• 结构条件没那么有吸引力，但组织有资源和能力做得比竞争对手好	• 结构条件不仅没有吸引力，而且不利于组织，与组织的资源和能力无关
• 组织倾向于维护现在的战略地位，而且对探索陌生领域持犹豫态度	• 组织以创新为中心，愿意追求新机会

但是，当外部条件不那么理想，而且不管你的公司有什么资源和能力，外部条件还是不利于你的公司时，结构主义方式就不是一个明智的选项。这一般发生在供给过量、竞争陷入你死我活、利润率极低的行业。在这些情况下，一个组织应该采取重建主义方式，制定一个可以重塑行业边界的战略。

即使在还具有吸引力的行业，如果现有的参与者地位稳固，你的公司没有资源和能力与它们抗衡，那结构主义方式也还是不能产生高绩效的。在这种情况下，组织需要制定一个为自己开创新市场空间的战略。

-观点概述-

- 战略有两种类型：结构主义战略——假设运营环境是给定的，重建主义战略——寻求塑造环境。

- 如何在两种战略中选择适合于你的组织的战略，需要考虑你的组织战略是围绕竞争还是围绕创新开展。多元化的公司应该两种方式都采用。

- 无论选择哪种战略类型，公司的成功取决于战略主张的一致性。战略主张针对三个利益相关方：买方，股东和雇员，合作伙伴。

- 这两种方式的差异在于其战略主张如何保持一致。结构主义战略要求所有主张注重交付的低成本或差异化。重建主义战略主张两者兼得，比如迪拜这个城市国家、苹果公司的iTunes音乐商店和喜剧救济基金会。

当结构性条件以及资源和能力不能突出表明用哪一种范式更好时，就要来看组织的战略思维。倾向于创新并对错失未来机会的风险比较敏感的公司，采用重建主义方式会更有可能成功。偏好维护目前的战略地位，不愿探索陌生领域的公司，采用结构主义方式更好一些。

三个战略主张

无论选择哪一种方式，成功的战略都要开发三个战略主张，并让它们配合一致：（1）吸引买家的价值主张；（2）促使公司赢利的利润主张；（3）激励人们和公司一起实施战略的人员主张。结构主义和重建主义两种方式的差别在于如何让这些主张保持一致。

让我们首先给战略做出具体定义。价值主张和利润主张确定了战略的内容——公司给买方提供什么以及公司如何从中受益。人员主张决定了战略执行的质量。这三个战略主张对应公司一以贯之的活动体系：公司各种活动的产出是买方的价值和自己的利润，输入是产出买方价值的成本和实施交付的人。因此我们给战略下的定义是：开发三个战略主张并使它们协调一致，以发掘或重建公司的行业环境和经济环境。

公司只有建立了完整一致的整套主张，才能制定出高绩效、可持续的战略。例如，如果价值和利润主张很有吸引力，而人员主张不能激励员工或其他支持者，公司可能会获得短暂的成功，但不能持续成功。这就是典型的执行失败。同样，公司提出了激励性的人员主张但没有吸引人的价值和利润主张，就会陷入低绩效的困境，这是方向的失败。

每个主张需要对应不止一个利益相关群体，因为战略实施的成功不仅仅靠员工的认同和支持，也需要公司外的群体，如供应链合作伙伴的认同和支持。类似地，在B2B（企业对企业）行业的公司就得制定两种价值主张：一个针对客户，一个针对客户的客户。

现在让我们看一下这两种方式的差别。用结构主义的方式，公司的所有活动和系统以及它的战略主张需要与“非此即彼的选择”一致，要么追求差异化，要么追求低成本，两者都是可选的战略定位。比如，如果价值和利润主张与差异化的选择一致，但人员主张却指向低成本，这样的战略是不可能成功的。用重建主义的方式，三个战略主张既追求差异化也追求低成本，高绩效因而得以实现。与既支持差异化也支持低成本的选择一致，可以使公司开辟新的市场空间，打破既有的价值成本平衡，由此，战略塑造了结构。无论是结构主义还是重建主义方式，是一致性让战略可持续。模仿一两个主张是可能的，但是要模仿三个主张，尤其是模仿人员主张，非常困难（参见图示“实现战略一致性”）。

公司高管有责任确保每一个主张得到充分开发，并保持三个主张的一致性。高管们适合做这类牵涉广泛的战略工作。但是带着强烈职能偏见的高管，如市场营销、生产、人力资源或其他职能的高

实现战略一致性

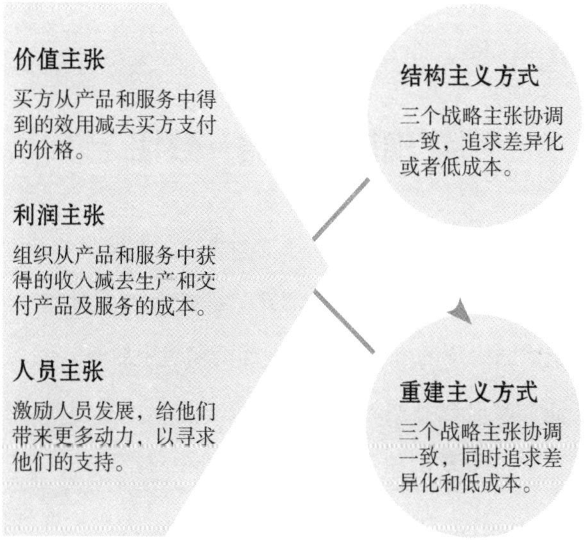

管，不太容易看到更大的战略布局。例如，市场营销团队可能太过沉迷于价值主张，对其他两个主张不太关注。类似地，偏向生产的高管可能忽略了买方的需求或者把人员看作成本。如果公司领导层没有留意这些倾向，就不太可能制定出一套协调一致的战略主张。

经理人充分了解了结构塑造战略的方法，但还不知道如何让三个主张匹配一致，以做到战略塑造结构。在下一节，我们将用城市国家迪拜的例子，展示蓝海战略的一致性如何帮助一个组织重塑了环境。迪拜重新定义了它的政府角色和活动，用20年时间成为世界上发展最快的经济体之一。

实现蓝海战略一致性

30年前，人们无法想象迪拜今天的成功。在恶劣的沙漠环境里，水泥建筑几乎不存在，工作机会渺茫，医疗服务质量差，人们住在用棕榈叶织成的房顶的木屋里，在无尽的酷热中放羊。

但是迪拜政府领导们的战略决策使它克服了看似无法克服的结构劣势。迪拜位于政治动荡地区一个局势相对稳定的海岛上，十年前其石油天然气收入占比为30%，现在为5%。的确，迪拜无可争议地成为阿拉伯经济体里仅有的不依赖石油产业的酋长国，最大限度地融合到了世界经济中，成为全球高端旅游和商业目的地。虽然迪拜和世界其他国家一样受到了金融危机的冲击，但它的未来取决于它如何处理危机。它基于重建主义的蓝海战略行动，围绕差异化和低价格把三个主张协调一致，实现了前所未有的盈利性增长。

迪拜的价值主张面向外国投资者，他们的资金给迪拜的发展提供了动力。它的利润主张是政府从这些投资者那里获得利益和收入。它的人员主张激励自己的国民和外部合作伙伴（例如外国雇员）认同迪拜价值和利润主张，并支持其战略。

迪拜的价值主张

迪拜的价值主张针对外国投资者，这和其他新兴经济体不一样，这也是它成功的核心原因。其价值主张首先是开放十几个世界级的自由经济区，给予投资者别人无法匹敌的优惠政策。为了实现差异化，迪拜政府允许国外投资者拥有公司100%的所有权以及资本和利润自由出入境待遇。为了降低外国投资者的成本，迪拜不收取进口及再出口关税，头15~50年的公司税率为零并且可以延期。

为了更加与众不同，而且同时降低投资者的成本，迪拜加快了公司注册过程，企业在半小时以内就可以拿到执照开始营业。所有注册文件都是英语文件，它的法律基于英国法，连大法官都是英国人，法律系统很透明。迪拜还提供世界一流的航空、港口和航运服务，使物流更加高效。

显然，迪拜给外国投资者提供了既有差异化又低成本的价值组合，这助力了迪拜的强劲发展。拿迪拜给外国投资者的价值主张和中国最大的商业中心上海做个比较（参见图示“迪拜的价值主张”），上海要求进入的外国公司熟悉中国的规范、习惯和环境。虽然上海仍是世界上发展很快的最大经济体之一，但迪拜在某些方面超过了上海。

迪拜的价值主张

用上海做参考，展示迪拜的价值主张对外国投资者的吸引力。

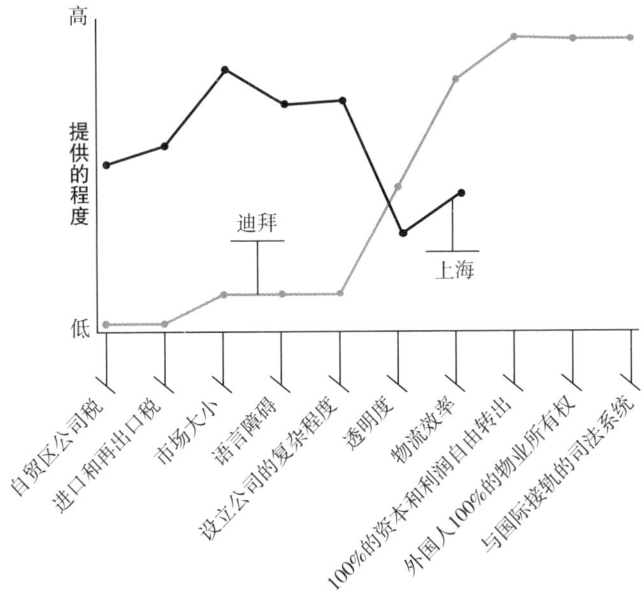

迪拜的利润主张

迪拜的公司税和个人所得税几乎可以忽略不计，那如何取得收入支持国家呢？它找到了产生收入的不同方法，而且还降低了自己的成本结构。和其他阿拉伯政府不同，迪拜像经营大型企业一样经营国家。迪拜酋长谢赫·穆罕默德·本·拉希德·阿勒马克图姆经常说：“对商业有利的，对迪拜就有利。”它没有公司税和个人所得税这些传统的收入来源，因为这样不能鼓励外国投资者。迪拜政府通过投资基础设施，支持投资者的活动，例如航运和港口服务、交通、旅游、航空、房地产开发、出口贸易和通信。这些投资使迪拜政府可以从独特的低成本价值主张中直接受益。

其中一个例子是迪拜环球港务集团，迪拜政府通过迪拜世界集团持有其 80% 股份。迪拜环球港务集团运营着杰贝·阿里港口及其综合体，那里有超过 6000 家公司。另一个是纳克希尔公司，由迪拜政府全资拥有，目前是世界上最大的房地产开发商。纳克希尔公司计划在接下来的 10 年里开发酋长国内一半的住宅建设项目，政府可以从外国雇员的住房需求中获利。迪拜政府还拥有迪拜航空公司，政府从大量往来迪拜的商务旅行者和进出该国的货运中赚得利润。在服务外国投资者的过程中，迪拜政府积累了全球运营的专业能力，这让它赚到了更多的钱。例如，迪拜环球港务集团现在在 31 个国家或地区运营着 50 多个港口。这些措施使迪拜的政府收入强劲增长，高质量的名声闻达全球。

迪拜的利润主张不仅仅是差异化，它还同时追求低成本，使经济发展和政府赢利能力得到了加强。在迪拜，外国雇员一直是外国雇员，外国人贡献了该国 80% 的人员增长。控制其公民的数量，政府就把其社会责任控制到了最小。另外，让迪拜成为联合酋长国的一部分的战略决定，使其不必拥有自己的军队、外交部门和金融机构。阿联酋的首都阿布扎比拥有大量的石油储备，承担了大部分维持联合政府的费用。这些因素综合起来形成了打破既有的价值—成本平衡的利润体系（参见图示“迪拜的利润主张”）。

迪拜的利润主张

拿以石油为主的阿拉伯经济体来做战略参考，这些经济体在地缘政治、社会制度方面与迪拜最有可比性。

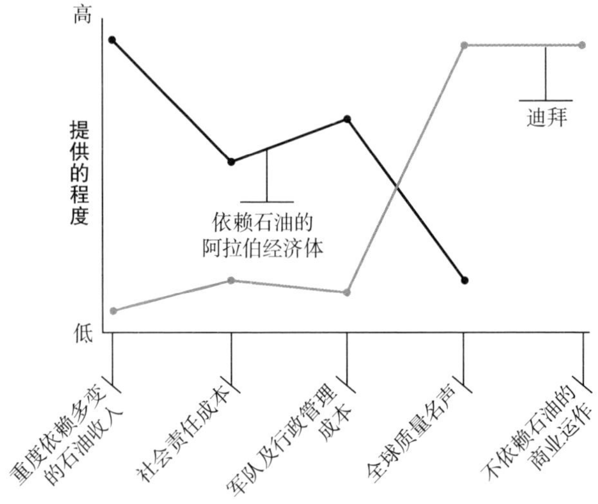

迪拜的人员主张

迪拜成了国际大都会，来自全球100多个国家或地区的100多万人口聚居于此。随着来自西方和亚洲的外国人口的大量涌入，迪拜如何保留其阿拉伯传统，并提升其公民的社会包容性呢？没有给予外国人任何社会福利和公民权利，迪拜政府是如何吸引外国人才的呢？他们可是实现迪拜战略的核心能力。答案是通过制定对这两个群体都适用的人员主张，提供差异化的价值和低成本。这个人员主张包含了经济和情感的因素，因为这些因素既可能给人们带来价值，也可能产生高昂的生活成本。

让我们先看一下给公民的价值主张。公民享有完善丰富的社会保障，基本保障公民有一份政府工作。他们享有全面的政府资助，包括医疗服务、疾病和生育福利、儿童保健、免费教育或教育补贴、养老金、失业福利，以及在某些情况下的住房和残疾福利，所有这些福利大幅改善了公民的生活质量。

同时，迪拜政府采取措施保留迪拜的文化和传统特色，一定程度上划分出了公民和外国人的虚拟边界。公民获得免费的土地及免息贷款，在城市郊区建造自己的房子。公民的孩子在附近的阿拉伯学校上学。在学校，传统的阿拉伯价值观和文化规范占据中心地位。由于公民人口数量少、国家商业投资收入高，公民的福利全由政府买单，公民不需出一分钱（参见图示“迪拜公民的人员主张”）。

迪拜给公民的人员主张

我们拿迪拜的过去作为战略参考，描绘迪拜的新战略给公民带来的不同。

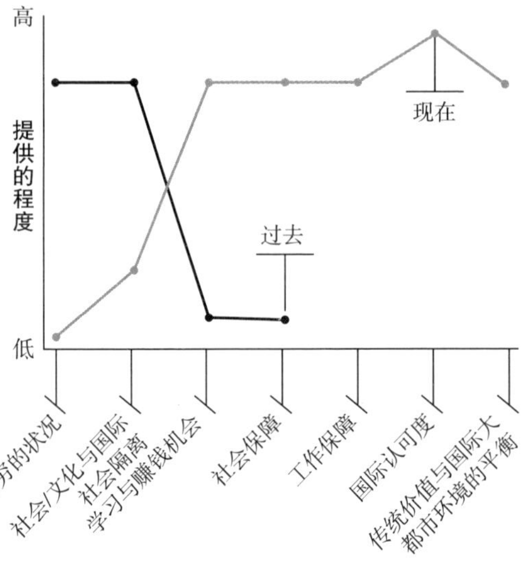

迪拜提供给外国雇员的人员主张同样具有吸引力。个人所得税为零，使外国雇员本来就丰厚的收入更加具有吸引力。住房也相对便宜，最近一次调查表明，迪拜的豪华房产的价格比其他主要商业中心低 1/5~1/3。迪拜和其他发展中国家如印度不同，允许外国人完全拥有自己的物业。这些激励政策吸引了很多外国人，因此一个多文化的环境迅速形成。差不多每个外国人在迪拜都能找到一些自己国家的感觉，比如法国红酒、印度莎丽、日本寿司等。迪拜甚至拥有世界上最大的室内滑雪场。简而言之，迪拜的人员主张给外国人才提供了低成本而又丰富独特的体验。

正如迪拜的案例所示，协调一致的三个战略主张进一步加强了协同效果。凭借有吸引力的低成本和差异化的价值主张，迪拜吸引了很多外国公司，在服务外国公司时，又找到了新的赚钱方法。因为其价值和人员主张吸引了大量外国人，迪拜能够创造一个国际大都会的环境，吸引人们去那里旅游度假，购置拥有产权的住所。最后，其利润主张使迪拜减少了政府的运营成本，其商业收入再投资到不同业务，这进一步吸引了外国投资者到迪拜去。迪拜还用其商业收入给自己的公民提供高质量的生活，这是他们的先辈无法想象的。当然，这些协调效果可能会因为今天的全球金融危机而减弱，但是当迪拜从经济衰退中复苏时，完全可以重新获得优势。

协调一致的蓝海战略，不仅适用于政府，也适用于公司和非营利性组织（参见专栏“喜剧救济基金会的三个一致的战略主张”，更多地了解它如何在非营利性组织中发挥作用）。

喜剧救济基金会三个战略主张的一致性

喜剧救济基金会是英国的一家捐款募集慈善机构，创立于1985年。在成立后的20年里，它在一个过度饱和的行业里获得了96%的品牌认知度，光在英国就筹集了超过5.5亿英镑的善款，善款来自富人、低收入家庭，甚至儿童。它重新塑造了慈善募捐世界。

先看它的价值主张。传统的慈善募捐利用内疚、同情来募集资金，侧重于从高收入的年长的捐款人那里获得大批捐赠，并且全年都在募捐。相反，喜剧救济基金会通过两项活动实现了突破："红鼻子日"——白天在社区里开展的充满趣味的募捐活动，以及"红鼻子之夜"——明星云集的马拉松式的电视喜剧募捐节目。参与者只需花一英镑买一个红鼻子，或者做些愚蠢滑稽的动作向朋友募集捐款。微不足道的捐款都会受到重视和认可。喜剧救济基金会这个独特的体验每两年一次，免得人们感到无聊或被烦扰。它的价值主张让捐款人做出了与平日非常不同的事情，还享受到了美好的时光，同时成本还很低。今天，"红鼻子"日几乎成了英国的国家假期。

再看利润主张。喜剧救济基金会有一个别人无法匹敌的利润引擎。“红鼻子之夜”虽然是铺张华丽的娱乐演出，但是无须花一分钱。电视网络、录影棚和明星的服务都是无偿的。“红鼻子日”也一样成本很低，因为大部分募捐活动都是公众自己做的。和英国传统的慈善机构不同，喜剧救济基金会避免了大量的广告费用，全因“红鼻子日”引起了媒体的广泛关注。喜剧救济基金会的运营模式是向其他慈善机构拨款，而不是在已经很拥挤的慈善行业里再引入竞争性的慈善活动，而且它的成本很低，创造了一个有差异的、低成本的利润主张。

最后看人员主张。喜剧救济基金会只有几个员工，他们被其价值主张引领激励，工作充满热情和动力，所以喜剧救济基金会的人员主张侧重在公众、公司赞助商以及社会名流，他们的支持对其价值主张和利润主张的可持续性而言非常必要。该组织给予了这些支持者们强烈的荣誉感和归属感，并给予了他们一个把世界变得更美好的机会，而且还很好玩，几乎没有或只要一点点财务成本。公司赞助商和社会名流免费获得了广泛的正面宣传。差异化、低成本的人员主张吸引了来自不同社会经济阶层的每一个人。

当战略不一致时

我们的研究表明，不能把三个战略主张协调一致，导致了许多开创市场的创新最终失败。看一下在线音乐提供商纳普斯特公司（Napster）的案例。纳普斯特公司创立于1999年，很快就吸引了超过800万注册用户，因为它的价值主张很吸引人：简单易用的软件，可以对音乐文件进行检索，并可在全世界不同的电脑间分享。但是仅仅一年，纳普斯特公司就遭到了围剿。

音乐厂牌公司（Record Labels）担心免费分享音乐会打击它的销售状况，于是和纳普斯特公司洽谈，希望做出对双方都有利的收入分成模式。但是纳普斯特公司被自己惊人的增长冲昏了头脑，不懂得必须要有一个面向关键支持者的人员主张。它没有和音乐厂牌公司达成合作，反而挑衅地宣布有没有行业的支持它都可以继续发展。后来的事实就是，纳普斯特公司还未来得及开发出从其庞大的用户群中获利的利润主张，就在侵犯版权的诉讼围攻之下被迫关门。纳普斯特公司的三个战略主张没有协调一致，其市场开创的创新也就不能转化为商业上的成功。

苹果公司在2003年推出iTunes音乐商店，并在5年时间里成为美国排名第一的音乐销售商。把纳普斯特和苹果公司的行为做个对比。和纳普斯特公司类似，iTunes音乐商店提供了一个有吸引力的价值主张：它的在线音乐商店允许用户自由浏览20多万首音乐歌曲

（包括独家曲目），试听30秒，以99美分一首单曲或9.9美元一张专辑的价格下载。另外，iTunes音乐商店保证高标准音质以及直观的导引、搜索和浏览功能。

但苹果公司并没有止步于此。它针对5家主要的音乐公司提出了有吸引力的人员主张。从一开始，苹果公司就获得了宝丽金唱片公司、百代集团、索尼公司、环球音乐集团和华纳兄弟唱片公司的支持，因为它能确保从iTunes音乐商店下载的音乐得到恰当的版权保护，让音乐公司从每一首下载的歌曲中分到65美分的收入。iTunes音乐商店不仅从每一首被下载的歌曲上赚到了钱，还促进了苹果公司已经很受欢迎的iPod音乐播放器的销售，这样就形成了跨平台的互相增强的利润循环。iTunes音乐商店的价值、利润和人员主张的一致性，不仅引领其进入了一个音乐的新时代，而且使它很难被模仿，所以直到今天都没有另外一家线上音乐商店能够在这个行业站稳脚跟。

纳普斯特公司或iTunes音乐商店的故事很常见。虽然以开创新市场为目的的创新对组织的盈利性增长具有战略重要性，但正如我们看到的，其中很多只是昙花一现，或刚出现就夭折了。问一下你自己：哪家公司最先创造了录像机？当我们向MBA或公司高管问同一问题时，答案要么是索尼，要么是JVC（日本胜利株式会社）。当我们问是哪家公司最早开发了个人电脑时，答案几乎总是IMB或苹果。当然这些都是错误的答案。录像机是由美国安佩可斯公司

（Ampex）创造的，个人电脑是由一家叫微型仪器和遥测系统的公司开发的。但我们只记得苹果、IBM、索尼和JVC，因为它们是第一个在其创新领域实现了战略一致性并因此取得商业成功的公司，在市场上建立了自己的品牌。20年后，我们记住的线上音乐先锋是谁，苹果还是纳普斯特？

关键的教训是经理人不应该因为创新本身太过得意忘形，成功和失败的真正差别在于战略的一致性。如果公司高管还不能从中吸取教训，因失败的市场创新而浪费几十亿美元的故事还会继续上演。

领导力挑战

越来越多的公司、政府机构和非营利性组织开始面临具有挑战性的外部环境和结构条件，领导者不能再按照惯常做法在各种情景下让结构主导战略。组织今天面临的经济挑战需要让战略塑造结构，这变得更加重要。但是这并不意味着不再需要结构主义。以经营多元化业务的公司为例，不同的业务单元面临不同的结构条件，资源和能力不同，战略思维也就不同；结构主义方式可能对某些业务单元更合适，而重建主义方式则可能更适合其他业务单元。这两种战略学派的假设和理论迥然不同，任何一个理论都不足以应对当今和未来组织面对的多变的结构和业务环境。因此，领导者的挑战是：

在给每个业务制定战略时，确保就采用哪种合适的战略模式进行充分讨论；它既可以是结构主义的竞争性战略模式，也可以是重建主义的蓝海战略模式；然后以选定的模式的框架及精神来指导制定合适的战略。

你和你的组织准备好了吗？

参考文献：

1. F. M.舍勒，《产业市场结构和经济表现》，芝加哥：麦克纳利出版社，1970 年。

2. W. 钱·金、勒妮·莫博涅，《蓝海战略》，哈佛商业出版社，2005 年。

3. 保罗·罗莫，《内生性增长的起源》，《经济学展望杂志》1994 年冬第 8 期。

4. 麦克尔·波特，《什么是战略？》，《哈佛商业评论》，1996 年 11 月—12 月；《竞争优势》，自由出版社，1985 年。

（第一次发表于 2009 年 9 月）

蓝海领导力

蓝海领导力可以释放组织内尚未开发的才能和活力，帮助管理者清晰地了解需要做出什么改变，以发挥员工的最佳状态，同时保留管理者最宝贵的时间资源。蓝海领导力展示了管理者需要剔除、减少、提升或创造哪些活动，把不敬业的员工转变为敬业的员工。

关于工作，有一个令人悲哀的事实：只有30%的雇员会积极努力地做好自己的工作。根据盖洛普2013年美国工作场所状况报告，50%的雇员做一天和尚撞一天钟，另外还有20%会把他们的不满以负面形式表现出来，比如用负能量影响身边的同事、上班缺勤、用恶劣的服务赶走顾客等等。盖洛普估计光这20%的人群每年就会给美国经济造成大约5000亿美元的损失。

什么原因造成雇员普遍不敬业？据盖洛普的发现，领导力问题是主要原因。

很多高层管理者（不仅仅是美国的高管）意识到，他们领导的员工拥有巨大潜能，而得以发挥才能和活力的却不多，所以他们面对的最大挑战之一是弥合两者之间的鸿沟。正如一位CEO所说："我们公司上下各层级的员工都有意愿做好自己的工作。如果我们通过有效的领导力激发他们发挥潜能，那将有非常多的员工能做出令人惊叹的优异表现。"

当然，管理者并不是诚心要做不合格的领导。问题是他们不清楚自己到底要做出什么改变，才能让每位员工展现出最好的自己并实现高绩效。我们相信，通过蓝海领导力的方法，管理者能够了解这个问题，这个方法是从我们对蓝海战略的研究中发展出来的。蓝海战略是通过把非客户变成客户，开创新市场空间的一个模型。蓝海领导力应用蓝海战略的概念和分析框架，帮助管理者快速且低成本地释放组织中尚未开发的才能和活力。

底层的洞见是，领导力本质上可以被看作一种“服务”，一种组织内的员工愿意买或不愿意买的服务。在这个意义上，每个管理者都有自己要服务的客户：向上级领导交付业绩结果，以及期待员工得到自己的指导和支持，去实现工作目标。员工认同你的领导方式，他们就愿意“买”你的领导力，就会受到激励去做到最好并全情投入。但当员工不愿意“买”你的领导力时，他们就不敬业，不愿成为你的领导力的客户。开始这样思考领导力时，我们发现，把非客户变成客户，创造新需求的概念和框架，有助于管理者把不敬业的员工变成敬业的员工。

在过去 10 年里，我们和蓝海战略网络群的专家加文·弗雷泽一起面谈了多个组织的几百个职员，了解哪些地方缺失领导力，如何转化领导力，同时如何保留管理者最宝贵的资源——时间。这篇文章将把我们的研究成果呈现给大家。

与传统领导力方式的主要差别

蓝海领导力可以快速而显著地改善领导力。它和传统领导力的发展方式在几个重要方面截然不同。这里阐述三个最显著的不同之处。

注重行动和活动

多年来大量研究得出的洞见是，价值观、能力素质和行为风格构成好的领导力，这些成了培训发展方案和高管教练术的基础。它暗含的假设是，价值观、能力素质和行为风格的改变最终将转化成高绩效。

回头看这些培训方案，大多很难找到发生明显改变的证据。如一位高管所说："没有多年的专注的努力，你怎么可能改变一个人的性格或行为特征呢？你能够衡量和评估一个管理者是否真正接受这些个人特征和风格并内化成自己的吗？理论上可以，但行动起来很难。"

相反，蓝海领导力主张管理者采取某种行为来提升团队的积极性和业务结果，而不强调管理者要成为什么样的人。强调这个差异非常重要。改变人的行为比改变他们的价值观、能力素质和行为特征要容易。当然，改变管理者的行为不是完整的解决方案，具备正确的价值观、能力素质和行为特征也很重要。只要得到恰当的反馈和指导，任何一个人都能改变自己的行为。

与市场现实紧密联系

传统领导力的发展项目都比较笼统，不能与你的客户和员工挂钩，比如在客户眼中你的公司应该代表什么？你的员工应该实现什么市场结果？相反，在蓝海领导力中，面对市场现实的员工会直接遇到这些问题：管理者在哪些方面拖了你们后腿？这些管理者可以做些什么来帮助你们更好地服务客户和其他重要利益相关方？当员工参与制定的领导力做法帮助他们获得成功，而且这些做法与他们奋斗其中的市场现实紧密联系时，员工就会获得极大的激励，为领导者描绘出尽可能实用的领导力画像，并让新的解决方案运转起来。员工的合作意愿让新的领导力画像获得了最大的接受度，且实施成本最小。

让领导力渗透所有管理层级

大多数领导力方案只关注高层领导者以及他们影响现在和未来的潜力。但是组织成功的关键在于每一个层级的领导者都得到授权，因为中层和基层的领导者最贴近市场，他们的工作动力和行动常常会让组织取得出色的业绩。正如一位高管所说："事实上，我们作为高层管理者，并不在市场一线，不能充分理解中层和基层的行动。我们需要各个层级的有效领导者来做大公司的生意。"

蓝海领导力的设计可应用于三个不同的管理层级：高层、中层和基层。它主张针对每一个层级及其不同的任务、权力的大小和不同的环境，专门描绘出每个层级的领导力画像。把领导力深入到基层，可以释放大量员工的潜能和内驱力，渗透到各层级的强大领导力也会提升整个组织的业绩。

蓝海领导力 4 步骤

现在让我们展示如何把蓝海领导力应用到实际，它有 4 个步骤。

1. 了解你的领导力现状

组织常犯的一个错误是还未就领导者实际上正在做什么达成共识，就开始讨论改变领导力。不知道领导力处于什么状况以及哪里做得不够，改变的理由就不够有力。

改变领导力的第一步就是了解现状，使用的方法我们称为“领导力画像”，这是一个可视化的分析过程，展示每个层级的管理者在“客户”看来，在领导力方面投入了多少时间和精力。一个组织为三个管理层级逐一描绘专门的画像，就开启了描绘领导力现状的过程。

通常选择 12~15 名高级经理人来开展这个项目。人选应来自各个部门，并且在公司是公认的好领导，这样这个团队马上就有了公信力。然后把这个大团队分成三个小分队，每个小分队专门负责一个层级，并与这个层级领导力相关“客户”面谈，包括上级领导和下属，要保证每类面谈对象的数量具有代表性。

访谈的目的是了解人们对目前领导力的感受，在全公司开展关于各级领导正在做什么以及应该做什么的谈话。领导者的“客户”

会被问道“你们的领导花时间最多的行为或活动（暂且不论好坏）是什么？”以及“哪些行为或活动对于激励员工和实现业绩很重要，但是却被你的领导忽略了？”得到具体细节很重要，“领导力画像”中的行为和活动必须反映各层级具体的市场现状和业绩目标，这需要一定程度的深入探究。

在英国零售集团（BRG），很多被访者评价说：中层领导花了很多时间玩弄办公室政治。负责这个层级的小分队努力尝试搞清楚原因，发现两个行动导致人们做出了这种判断。一个是中层领导倾向于把责任拆分给不同的人，导致责任不明确，产生了内部竞争。结果发生了许多员工互相指责的事件，员工认为这是领导在玩弄“人斗人”的把戏。小分队还发现中层领导花了很多时间和高层领导开会，这让下属得出结论：他们的领导更乐于在高层领导面前多露脸以换取政治资本或套取消息，却没有兴趣与员工在一起，支持员工工作。

在进行了4~6周的面谈之后，小分队成员回来一起绘制领导力画像，把他们的发现归类，按照被提及的次数来确定各层级的主要领导力行为和活动。我们特意要求每个层级列出不超过10~15个领导力行为和活动，使每个小分队聚焦于真正重要的方面。这10~15个领导力行为和活动记录在“领导力画像”的横轴上，纵轴表示领导者在这些行为和活动上做到的程度。限制10~15个行为和活动，防止了把所有发现都写在画像上，又或者什么都没写。

结果真是让人大开眼界。各级领导者20%~40%的行为和活动对于其上级和下级的价值有待商榷，这一点很不寻常；这些领导者同时被认为在占比20%~40%的重要的行为和活动上投入不足，这一点同样很不寻常。

在英国零售集团，高层领导的领导力画像显示，他们的“客户”认为他们花了太多的时间在本来应该是中层领导做的行为和活动上；中层领导的领导力画像显示，他们看起来在一心一意维护官僚化的流程；基层领导则被看作一味讨好上司，做出延后汇报客户的质询之类的行动，让自己看起来掌控了一切。接下来，流程中安排的练习是让团队成员用一句标语描绘这个画像，他们给基层领导的画像写的标语是“讨好老板”，给中层领导写的标语是“控制与明哲保身”，给高层领导写的标语是“关注日常琐事”（参见图示“中层领导实际在做什么”）。

中层领导实际在做什么

“领导力画像”显示了员工眼中领导者正在做的事情，以及他们认为领导者在每件事情上花的时间和精力。这张画像是为英国零售集团的中层领导做的。在员工看来，他们的中层领导是明哲保身规则的强力执行者。

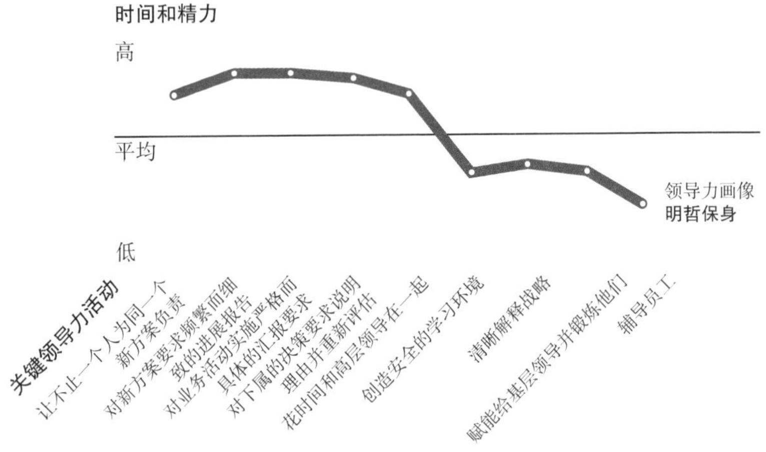

这样的结果令人沮丧。令小分队恍然大悟的是：高层领导几乎没花什么时间做他们真正应该做的事——思考、探究、发现刚刚冒头的机会，并促进公司做好准备利用这些机会。看着这些一手的经反复印证的领导力实践问题，小分队无法再为现在的领导力状况辩护了。现状有力地说明，三个层级的领导都必须变革，这显然也是整个公司的员工希望看到的。

2. 开发替代的领导力画像

这时，每个小分队通常都非常渴望探究每个层级有效的领导力画像应该是什么样的。为了找到答案，他们又向被访者询问了两套问题。

第一套问题的目的在于，指出在画像上的每一个行为和活动是“冷点”还是“热点”（“冷点”占用了领导者时间，但价值极低，或没有价值；“热点”调动了员工的热情，激发他们发挥才干，但目前领导者对此投入甚少，或完全没有理会）。

第二套问题的目的在于引发被访者在公司范围之外进行思考，侧重在他们观察到的公司外的有效领导力行动，特别是那些如果被内部对应级别的领导者采用将会产生有利影响的行动。这并非是对标偶像公司，员工个人的经历史可能产生洞见。我们大多数人在生活中都遇到过对我们产生极大正面影响的人，他们可能是运动教练、老师、童子军团长、祖父母或前任领导。不论这些榜样人物是谁，重要的是让被访者说出行为或活动的细节，使被访者相信只要他们现在的领导者着手去做，就会增加真正的价值。

在处理第二轮面谈的发现时，小分队运用了一个我们称为“蓝海领导力矩阵”的分析工具（参见表格“蓝海领导力矩阵”）。每一个管理层级的面谈结果被放入四个象限中。我们特意从“冷点”行为和活动开始，它们被归入了“剔除”或“减少”象限，区分的标准是被访者对其负面评价的程度。这一下子调动了分队成员的积极性，因为他们马上可以看到终止领导者做这些没有或仅有极少价值的事情的好处。减少这些活动也给了领导者时间和空间去改进工作。没有这样的喘息时间，一下子做出领导力的重大变革很可能只是美好的愿望，因为领导者已无暇兼顾。接下来看“热点”，如果目前已经有了这些行为和活动，就放在“增加”象限，如果是领导者目前完全没做的，就放在“创造”象限。

蓝海领导力矩阵

蓝海领导力矩阵是一个分析工具，促使人们思考领导者应该减少哪些行为和活动，因为这些行为和活动阻碍了员工发展；领导者应该增加哪些行为和活动，因为它们可以激励员工发挥全部潜能。“领导力画像”上那些正在做的活动（可能增加价值，也可能不增加），以及员工认为如果领导者开始去做将会增加巨大价值的活动，会被归类放入这 4 个象限。组织会使用这个矩阵开发有效的新领导力画像。

剔除 在哪些行为和活动上，领导者投入了时间和精力，但应该剔除？	**增加** 在哪些行为和活动上，领导者投入了时间和精力，但应该投入更多？
减少 在哪些行为和活动上，领导者投入了时间和精力，但应该大大减少投入？	**创造** 在哪些行为和活动上，领导者目前没有做，但应该投入时间和精力去做？

有了这些信息输入，各小分队为每一个领导层级描绘了2~4幅。这些画像展示了可以提升个人和组织绩效的领导力画像，并把它们和原领导力画像放在一起进行比较。各小分队制作了各种领导力模型，全面地探索了新的领导力的可能性，而不只是停留在一种可能性上。

3.选择未来领导力画像

经过两三个星期反复描绘领导力画像，各小分队在我们称为“领导力展会”的会议上呈现了这些画像。参加展会的有董事会成员和高、中、基层领导。

活动开始，先由最早发起这个项目的高层团队说明项目的过程，并呈现了三幅展示现状的画像。通过这三幅现状画像的直观表达，高管团队确定了变革的必要性，明确了每个层级被访者的评论都会被纳入考虑，这样的背景介绍使得未来领导力画像能够被理解和认可。每幅现状画像都指出了令人警醒的现实，领导力画像会以合并后的样子来呈现和讨论，正如英国零售集团所做的那样。这样做可以使领导者个人对变革更加开放，因为他们会感到所有人都在同一条船上。

介绍了背景之后，小分队分别把各自的未来领导力画像挂在墙上，这样所有人都能看到这些画像，通常是负责基层领导的小分队先做。呈现过后，参会者每人拿三张贴纸，他们会在自己喜欢的领导力画像上贴一张贴纸；如果觉得某幅画像特别打动人，可以把三张贴纸都贴到这幅画像上。

投完票之后，公司高管会深入询问参会者投票的原因。另外两个领导层级的讨论也是同样的流程（我们发现把各层级分开并按顺序讨论比较容易展开，而且这样做可以加强参会者对讨论的印象）。

大约 4 小时之后，每一个参会者对每一层级目前的领导力画像都有了一个清晰的印象，即填写好了的蓝海领导力矩阵；并选择了能够给领导力表现带来重大变化的未来领导力画像。有了这些信息、投票数以及参会者的评论，高层领导在展会会议室外碰头，决定每一层级朝哪一个未来领导力画像转变。然后他们回到会议室，向展会上的参会者解释他们的决定。

在英国零售集团，超过 125 名员工对不同的领导力画像进行了投票，展会参与者对选出的三个领导力画像抱以极大的热情。基层领导者 未来领导力画像的标语是“少说废话”（遗憾的是，后来改成“深入服务客户”）。在新的画像里，基层领导不再推迟向中层领导汇报大量的客户质询，很少再绕圈子。他们的时间转而用在现场培训一线员工，交付公司的承诺，解决客户的问题，迅速帮助遇到问题的客户，并做有意义的交叉销售。这些就是能够激发一线员工士气的领导力行为和活动，也肯定会让客户兴奋，并对公司的基层产生直接影响。

“解放、辅导和赋能”是中层领导未来领导力画像的标语。这样，中层领导的时间和注意力会从控制转向支持员工。他们要做的就是取消或减少大量的监督活动，例如要求每周报告收到的客户电话数量和办公用品的花费，这些工作消耗人的精力并让基层领导一直被困在办公室里，没有时间和客户交流。新的画像还增加了管理、传播和整合基层领导及基层员工知识的行动，实际上这意味着中层领导要花更多时间进行面对面辅导和反馈。

未来领导力画像

基层领导：服务客户，而非上司

英国零售集团的基层领导目前的活动与员工认为基层领导应该做的活动的对比

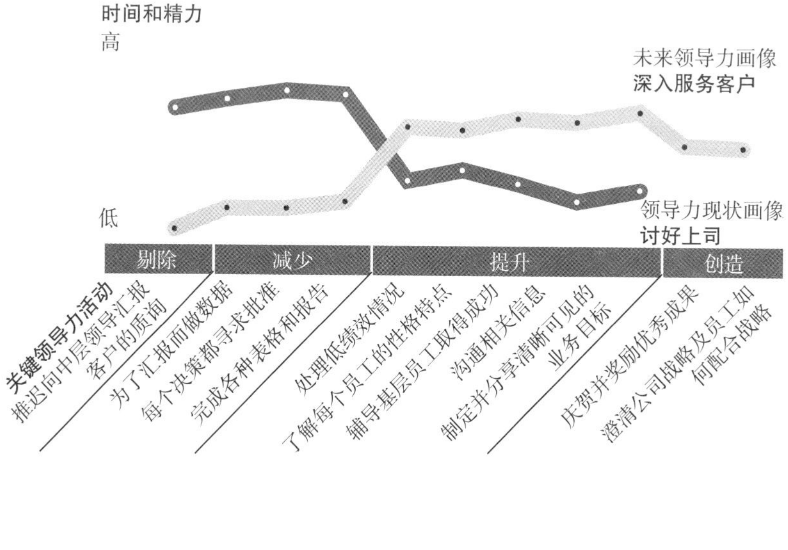

未来领导力画像

中层领导：多辅导、少控制

英国零售集团的中层领导目前的活动与员工认为中层领导应该做的活动的对比

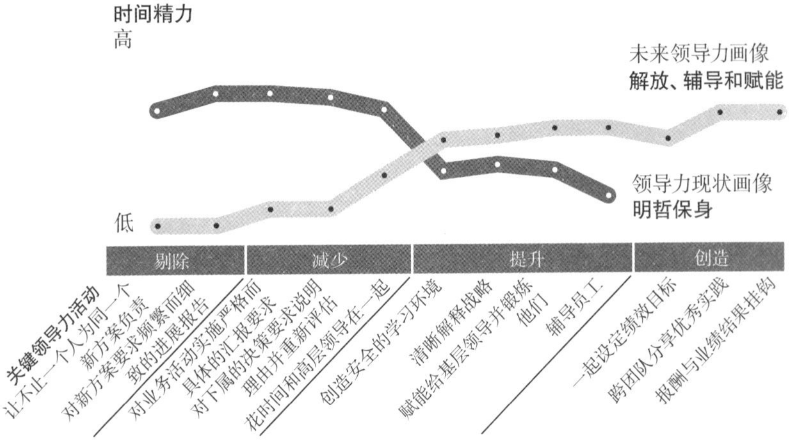

高层领导未来领导力画像的标语是“授权并规划公司的未来”。重新规定了基层和中层领导的行为和活动后，高层领导者就被解放出来，可以把大部分时间用于思考全局，即行业的变化及其对战略和组织的启示。他们就不用把时间花在“救火”上了。

参加领导力展会的董事会成员都有一个强烈的感受，认为未来领导力画像将会有力地支持客户的利益及股东的利润和增长目标。基层领导备受鼓舞，并为改变做好了准备。高层领导以前常常感到中层领导需要他们协调和关注的事情如巨浪般汹涌，自己不得不被巨浪推着走，现在他们终于可以浮出水面喘口气了，而且还看到了自己要描绘的大海之美。

未来领导力画像

高层领导：从日常工作到掌控全局

英国零售集团的高层领导目前的活动与员工认为高层领导应该做的活动的对比

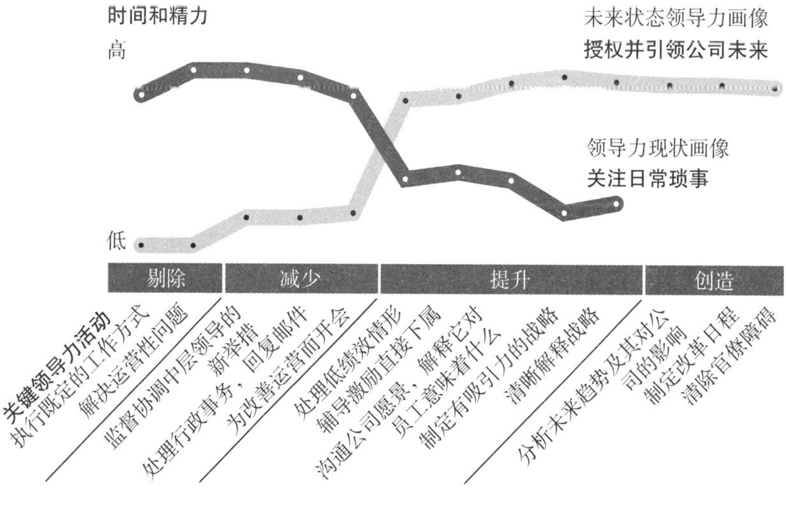

4.把新的领导力做法制度化

在展会结束后，原先的小分队成员向他们曾经面谈过但没有参加展会的同事沟通会议成果。

然后整个公司把达成共识的未来领导力画像分发到各个层级的领导者手中。小分队成员和这些领导者开会，带领他们学习一遍相应的领导力画像，解释要剔除、减少、增加和创造什么行为和活动。这个步骤再次加强了大家对新方案的支持度，因为在项目实施的每一阶段，小分队成员都会向全公司的领导者介绍关键的发现，并寻求大多数人的意见。而且因为每个领导者实际上都是其上一级领导者的“客户”，知道他们的上级领导会基于自己提供的直接意见做出改变，所有领导者自己也都会努力改变。

所有领导者接下来负责把信息传达给自己的下属，向他们解释新的领导力画像如何帮助大家变得更高效。为了坚持把新的领导力画像放在首位，未来领导力画像被钉在了领导者及其下属的办公室中显眼的位置。领导者在每月例会上要向其下属寻求反馈，了解自己在转变到新的画像要求的过程中做得怎么样。员工的反馈评价都必须以具体例子说明。新的领导力画像要求取消或减少的行为和活动，领导者是不是真的减少了？如果没有，在什么情况下该领导还在做这些事情？同样，领导是否更专注于增加价值的事情，做着新画像要求的新活动？这种会议起初让人感到不太舒服——员工必须要评论自己的上司，上司的行动一直被密切关注。所以这个过程需要很长时间，直到形成团队精神和互相尊重的氛围，以及员工看到领导力的改变对自己的业绩表现产生了积极影响。

根据未来领导力画像的提示做出改变，英国零售集团加强了它的领导实力，以低成本取得了大影响。看一下在基层员工中产生的效果：英国零售集团一万多名基层员工的流失率在第一年从 40% 降到了 11%，招聘和培训费用减少了 50%，那一年节约下来的成本总共达到 5000 多万美元（包括因下降的缺勤率而节省下来的费用）。此外，英国零售集团的客户满意度得分提升了 30% 以上。各层级的领导者说没有以前那么心力交瘁了，因为能做更多的事，而且充满活力，因能为公司、客户以及自身发展做出更大贡献而更加自信。

－观点概述－

问题

根据盖洛普的调研数据，只有 30% 的员工积极贡献才干和精力，推动公司发展，50% 得过且过，还有 20% 把不满表现出来，造成了负面影响。盖洛普估计这 20% 的人群每年会给美国经济造成大约 5000 亿美元的损失，同时指出，造成员工不敬业的一个主要原因是领导力问题。

解决方案

一个被称为“蓝海领导力”的新方法可以释放组织内尚未开发的才能和活力。这个方法包含4个步骤，帮助领导者清晰地了解要做出什么改变，激发出员工的最佳状态，同时保留领导者最宝贵的资源——时间。“领导力画像”这个分析工具向领导者展示了他们需要剔除、减少、提升或创造哪些活动，把不敬业的员工转变为敬业的员工。

案例

一家英国零售集团运用蓝海领导力重新定义了有效领导力对基层、中层及高层领导而言分别意味着什么。效果非常显著，比如，一线员工流失率在第一年从40%下降到11%，招聘和培训费用减少了50%，把缺勤次数的减少也考虑进去的话，整个集团在第一年节省下来的费用超过了5000万美元，客户满意度得分上升了30%。

把执行嵌入4个步骤当中

任何改革方案都会遭到质疑，被看作“又来这一套”。虽然蓝海领导力开始时也遇到了这样的质疑，但是它通过在过程中更好地执行来应对这个问题。4个步骤建立在公平流程的原则上，这个流程包括联结互动、答疑解惑和澄清期望三个步骤。这些原则的力量不可低估。我们已经深入地讨论过它们对执行质量的影响。

在领导力发展情境下，使用公平的流程可以获得员工对未来领导力画像的支持和责任感，建立信任，为实施打下基础。这些原则的运用有多种方式，以下是几个最重要的做法。

- **受尊敬的高层领导在过程中起带头作用。**高层领导的联结互动不是走形式，他们要亲自参与面谈和描绘领导力画像。这释放出了强烈的信号：这项新方案非常重要。这让各层级的员工感到被尊重，让高层领导发自内心地感受到领导力表现的重大变革需要采取哪些行动。以下是员工的一个典型反应：“一开始，我想这又是一个只说不做的新提议，反正管理层喜欢把改革挂在嘴边，但基本上只说不练。但当我看到最高管理层亲自主导整个流程，挽起袖子推动变革时，我就想，这次他们终于是认真的了！”
- **员工参与界定领导者应该做什么。**未来领导力画像是员工自己描绘的，因此他们有信心做出改变。整个过程使员工觉得与自己的领导者联结互动更深入，因为他们对领导者正在做的事情也负起了更大的责任。员工告诉我们：“高层领导说他们要来跟各层级的员工访谈，了解我们需要领导们做什么、不做什么，以使我们充分发展。我就想，如果有人来敲我的门，我就相信他们说的。结果他们真的来敲门了。”

• **各个层级的员工对最后决定有话语权。**公司三个管理层级的一部分员工参与投票，选择新的领导力画像。虽然未来领导力画像最终由最高管理层来拍板，而且他们可能没有选择票数最多的那个画像，但他们要在所有参会者面前为这个决定做出清晰合理的解释。以下是一些有代表性的反馈：“我们怀疑管理层让我们评论只是说说而已，但当我们看到自己的意见被列入未来领导力画像时，就打消了疑虑。那时我们意识到自己的意见被听取了。”

• **要易于评估是否达到预期。**清晰说明从现在到未来领导力画像要做出哪些改变，就容易对事情进展进行监测。每月领导者和下属之间的回顾会议帮助公司检查是否取得了进展。我们发现这些会议让管理者们诚实面对自己，激励他们继续做出改变，下属们对整个过程及领导者的真诚态度有了信心。从这些会议上收集到反馈，高层管理层可以评估管理者们从现在到未来的转变有多快，这又成为年度绩效评估的重要依据之一。一位员工说：“在一页纸上用图画展示出旧的和新的领导力画像，我们可以轻易地跟踪从旧到新的转变进展。通过它，每个人都能清晰准确地知道我们在弥补差距的过程中所处的位置。”

本质上说，公平流程带来的最大好处是信任，其次是自觉合作，这在领导者与追随者关系中至关重要。每个曾在机构中工作过的人都能理解信任的重要性。如果你信任流程及为之工作的人，你就愿意付出额外努力做到最好。如果你不信任他们，就会死抠与公司签订的合同上的每一个法律字眼，把精力花在保护自己的职位以及争权夺利上，而不是去赢得客户以及创造价值。这不仅浪费你的能力，还常常对公司业绩不利。

成为蓝海领导者

我们禁不住为研究组织体现出来的才干和活力而赞叹，同样也慨叹有多少才干和活力被不好的领导浪费掉了。蓝海领导力能够帮助终止这样的浪费。

领导力画像给了人们一个具体的可视化框架，用于找出领导者需要做出改进的地方并加以讨论。公平流程比传统的由上而下的方式更易于实施变革和检测进展。另外，蓝海领导力帮助领导者花更少的时间和精力实现转变，因为他们不用改变自己，也不用改变沿袭了一辈子的习惯，他们只要改变自己要开展的工作。蓝海领导力还有另一个优势，它开展的规模可大可小。你不必等着公司高层发起这个流程。无论你属于哪个管理层级，只要带领你的员工一起完成这 4 个步骤，就可以唤醒员工沉睡的潜能。

你准备好成为一名蓝海领导者了吗？

（第一次发表于 2014 年 5 月）

红海陷阱

我们把那些阻碍管理者开创新市场空间的思维模式，称为红海陷阱。最明显的有 6 种，两种来源于市场营销的假设，特别强调以客户为中心和小而专的市场；两种来源于技术创新和创造性破坏；还有两种来自竞争战略的原则，认为差异化和低成本是非此即彼的选择。

美国公司的业绩在过去几十年里一直在变差。根据德勤咨询公司具有标志性的“变化指数”，美国上市公司的资产总回报下降了1%，只相当于1965年水平的1/4。随着市场的主导权从公司转移至客户，全球竞争加剧，几乎所有公司的管理者都面临着严峻的业绩挑战。为了扭转颓势，管理者需要在开发和执行竞争战略时变得更有创新性。但是长久的成功不能光靠竞争力，它越来越取决于制造新的需求、创造并抓住新市场的能力。

市场创新的回报是巨大的。比较一下苹果公司和微软公司。过去15年，苹果公司做出了一系列成功的市场创新举动，推出了iPod音乐播放器、iTunes线上音乐商店、iPhone手机和iPad平板电脑。自2001年首发iPod到2014财年结束，苹果公司的市场覆盖率跃升超过75倍，销量和利润实现爆炸性增长。同期，微软公司的市场覆盖率只缓慢增长了3%，销售收入从曾经是苹果公司的6倍变成大约只有苹果公司的一半。微软公司接近80%的利润还是来自两个老业务——Windows（视窗系统）和Office（办公软件），没有市场创新行动，微软公司为此付出了巨大代价。

当然，绝大多数公司并不是没有认识到开创新市场空间的价值。相反，很多公司的领导者越来越致力于创造新市场，并为此付出了大量的金钱和努力。即便如此，很少有公司能破解创新密码。到底是什么妨碍了创新呢?

我们和许多参与执行市场创新战略的经理人进行了交谈。总结他们分享的成败经验，我们发现，一直以来削弱开创新市场成效的共同因素是思维模式——关于世界如何运转的根深蒂固的假设和理论。思维模式存在于人的认知底层，但许多脑神经科学家认为它几乎就像自动计算程序一样控制着人们对变化和事件的反应，是人类做出选择和采取行动的强大的决定因素。

思维模式有它的好处。在危险时刻，活跃的思维模式可以快速帮你做出关键的求生决定。我们认同我们见到的管理者的思维模式的可靠性。这基于他们多年的商业经验或在课堂上学习到的知识。但是我们和管理者交谈后发现，他们这种用于管理现有市场空间的思维模式也削弱了他们开创新市场的能力。

在讨论及研究中，我们发现了深植于管理者思维模式中的6种特别突出的假设，我们称它们为红海陷阱，因为它们成功地把管理者羁绊在红海里，阻碍他们进入蓝海。红海是已经有了很多竞争对手的拥堵市场，公司在那里开展争夺市场份额的残酷竞争；蓝海是没有竞争的富有潜力的未知市场空间。前两个陷阱来源于市场营销的假设，特别强调以客户为中心和利基市场；中间两个陷阱来源于有关技术创新和创造性破坏的经济课程；最后两个来自竞争战略的原则，认为差异化和低成本是非此即彼的选择。接下来，我们会仔细说明每一个陷阱，看看它们如何阻止公司尝试开创新市场。

-观点概述-

问题

为了获得长期成功，公司必须找到开创新市场的方法。在现有市场里，竞争变得越来越无利可图。然而不管公司投入多少资金和努力，建立新市场空间还是极其艰难。

为什么会这样

管理者的思维模式建立在他们在已有市场获得的经验的基础之上。虽然这些假设和信念在过去行得通，但是却削弱了他们开创新市场空间的努力。

解决方案

避免陷在旧的市场当中，管理者应该：

- 专注于吸引新客户
- 少担忧市场细分
- 理解市场创新并不是技术创新或创造性破坏的同义词
- 不要把战略关注点放在高端与低成本孰优孰劣的比较上

陷阱一：把市场创新战略当作以客户为中心

产生新的需求是市场创新战略的核心，取决于把非客户变成客户。正如赛富时公司（Salesforce.com）所做的，它的立即响应式客户关系管理软件（以下简称CRM）把中小型公司争取过来，它们不再拒绝使用CRM，从而打开了新的市场空间。

问题是管理者，特别是那些主管市场营销的管理者，一直被教育并且深信客户为王的原则，因此他们很容易假定市场创新战略是客户主导的，这使得他们几乎条件反射般地坚持专注于现有的客户以及如何让这些客户满意。

然而，这种方式不太可能开创新的市场。要开创新市场，公司必须把重点转移到非客户上，并了解非客户为什么拒绝使用行业提供的产品和服务。非客户比客户更能洞察到一个行业的痛点和阻吓潜在客户的地方，它们限制了行业的边界。相反，专注于现有的客户，容易让公司给现有客户提供比竞争对手更好的方案，这使得公司继续停留在红海。

看一下索尼公司于2006年推出的便携式电子阅读器的案例。索尼公司的目标是通过扩大电子阅读器的客户群体来打开阅读书籍的新市场空间。为了找到实现这个目标的方法，索尼公司研究了现有的电子阅读器的用户体验，发现用户不满意现有阅读器产品的大小和显示质量。索尼公司相应推出了又薄又轻、屏幕更易于阅读的设备。尽管该新产品获得了媒体的赞誉，并且用户也更开心，但是它输给了亚马逊公司的Kindle，原因是它缺少值得阅读的书籍，而不是设备大小和显示质量。索尼公司的产品没有吸引到非用户，没有丰富的书籍以及简易的下载方式，非用户还是会继续购买纸质书。

亚马逊公司了解这一点，它于2007年推出了Kindle，它提供的电子图书数量是索尼便携式电子阅读器的4倍，并且可以通过Wi-Fi（无线局域网）下载。Kindle一上市，6小时内就卖光了，纸质书用户也很快变成了电子书用户。索尼公司从此退出了电子阅读器市场，Kindle电子书市场从2008年只占所有书籍购买量的2%增长到2014年的28%。它现在提供了超过250万册电子书。

陷阱二：把市场创新战略当作利基市场

市场营销部门非常注重通过越来越细的市场划分，来发现和捕捉小而专的利基市场。虽然利基战略经常可以奏效，但在既有市场中发现利基空间与发现新市场空间不是同一回事。

看一下达美航空公司2003年发起的Song航线的例子。达美航空公司的目标是在低价航运市场开创新的市场空间，以独特的航空旅客群体为服务对象。Song航线决定专注于时尚的职业女性旅客，认为这个群体的需求和偏好与其他大多数航空公司面向的商务人士及其他旅客不同。没有任何航空公司专门为这样的群体开设。达美航空公司组织了多场与频繁出差的职业女性进行的焦点小组访谈，然后制订出专门服务于这个群体的计划：提供有机食品、特别调制的鸡尾酒、丰富的机上娱乐节目，免费赠送运动弹力带的机上健身设施，机组人员身着凯特·丝蓓品牌的制服。这个战略的目的是填补市场空白。在这一点上，达美航空公司可能是成功的，但是这个市场群体实在太小，即使价格有优势也难以为继。Song航线在2006年4月宣告寿终正寝，距其成立只有36个月。

成功的市场创新并不专注于更细的市场划分，更常见的是通过发现不同客户群体的关键共性来划分市场，帮助创造更大的需求。Pret A Manager是一家英国连锁食品店，它研究了三个购买非现做午餐的客户群体——去餐厅的职场人士、快餐顾客和自带午餐者。虽然这三组人群有许多不同，但是他们有三个关键共性：三组人都想要新鲜健康的午餐，需要快速，需要价格合理。这个洞察让Pret A Manager知道如何释放出三组人群未被开发的需求并加以整合，创造出了具有商业吸引力的新市场。它的理念是提供具备餐厅制作质量的、新鲜的、用料高端的三明治，以比快餐更快的速度备餐，店面光亮洁净，产品价格合理。30年过去了，在其创建的新市场，Pret A Manager今天仍然保持着可观的盈利性增长。

陷阱三：混淆技术创新与市场创新战略

研发及技术创新是市场开发和行业增长的主要驱动力，这一点广为人知，因此可以理解管理者假设这也是发现新市场的主要驱动力。但事实上市场开创并非一定是技术创新。黄尾袋鼠葡萄酒公司开创了一个完全没有前沿技术的新市场（在这个案例里，它给每个人提供了简单有趣的葡萄酒）。类似的还有咖啡连锁店星巴克和表演艺术公司太阳马戏团。即使有时候技术成分很高，例如市场开创者赛富时公司，Intuit软件公司的Quicken软件，或者优步（Uber）共享打车，但技术并不是新产品和服务成功的原因。它们之所以成功，是因为简单易用、有趣及高效，人们喜欢上这些产品和服务，成就这些产品和服务的技术基本不在客户的考虑之内。

看一下赛格威两轮平衡车的例子，这家公司成立于2001年。它是不是技术创新呢？当然是。它是世界上第一款个人两轮平衡代步车，也很好用：你的身体向前倾，两轮平衡车就向前走；身体向后倾，车子就往后退。这个令人惊叹的工程技术是当时最广为人谈论的技术创新之一。但是大多数人不愿意花5000美元买一个不方便使用的产品：把车停在哪儿？怎么用车带上它？在哪儿使用，人行道上还是马路上？是否能够把它带上公共汽车或火车？虽然赛格威公司期待在产品推出的6个月内实现收支平衡，但是销量低于初期预测，这个公司在2009年被卖掉了。没有人为此感到惊讶。在该产品刚推出时,《时代》杂志一篇关于赛格威两轮平衡车的发明者迪安·卡门的文章，颇有先见之明地提出了引人警觉的说法：“技术人才难以听进去的事实之一是，商业上的成功或失败不是由技术的先进与否决定的。”

是价值创新，而非技术创新，开启了具有商业吸引力的新市场。成功的新产品和服务在生产效率、简易实用性、方便性、趣味性、对环境友好性等方面实现了价值飞跃，从而打开了市场空间。但如果公司错误地假定市场创新依赖技术突破，它就会倾向于推动产品和服务“卓尔不群”、过于复杂，或像赛格威那样，缺乏一个必要的生态支持系统。事实上，许多技术创新公司即使为公司赢得了赞誉，或其开发者赢得了科技奖项，也没能开创新的市场。

陷阱四：把创造性破坏等同于市场创新

约瑟夫·熊彼得的创造性破坏理论居于创新经济学的中心地位。创造性破坏是指一项新发明替代早前的技术或现有的产品和服务，从而颠覆原有市场。比如，数字照相使摄影胶卷行业消失，并成为新的规范。在熊彼得的框架里，旧的东西不断被新的东西摧毁并取代。但是市场创新是否总是要破坏旧的东西？答案是否定的。市场创新也可以是非破坏性创新，而且创造新的需求，无须取代现有的产品和服务。以伟哥为例，它创造了新的生活方式的药品市场。伟哥让早前的技术或现有的产品和服务过时了吗？没有。它首次真正解决了许多男士在夫妻关系方面的重要问题，从而释放了新的需求。另一个例子是孟加拉国格莱珉银行（Grameen Bank）创造了微金融行业。许多市场创新行动并非破坏性的，因为它们为以前尚未存在的领域提供了解决方案。我们也看到这种创新发生在社交网络和众筹行业。即使市场创新有时会有一定的破坏性，但非破坏性创新成分仍比你想象的要多。例如，任天堂株式会社的Wii游戏机是一个补充，而不是取代现有的游戏机系统，因此它吸引了以前不打视频游戏的小孩和成年人。

混淆了市场创新和创造性破坏，不仅会限制公司的机会，还会产生对市场创新战略的抵触。成熟公司的员工特别不喜欢创造性破坏这样的说法，因为这可能会威胁他们目前的状态或工作。为此，管理者通常会减弱公司的市场创新努力，使创新项目缺乏资源，背负过多运营费用，或不配合为创新项目工作的员工。市场创新者要尽早阻止这样的事情发生，说明自己的项目不是破坏性创新，而是非破坏性创新。

陷阱五：把市场创新战略等同于差异化

在竞争性强的行业里，公司倾向于选择经济学家称为“生产率边界”的定位，即在行业的结构和规则下实现价值—成本平衡的所有可能性的总和。差异化是公司处于这个边界时的战略定位，这时公司提供额外的更优价值，在竞争对手中脱颖而出；价值—成本平衡的结果通常是公司付出的成本更高，客户支付的价格更高。我们发现很多管理者假定市场创新与这个理论是同一回事。

事实上，市场创新行动打破了价值—成本平衡，它同时追求差异化和低成本。黄尾袋鼠葡萄酒和赛富时公司是不是和其他竞争对手差别很大？肯定是。但黄尾袋鼠葡萄酒和赛富时公司是不是低价？也是。市场创新行动既要差异化，也要低成本，并不是非此即彼。意识到这种差别很重要，因为当公司错误地以为市场创新是差异化的同义词时，它们通常注重通过提升或创造活动来扩大差异化，而不注重实现低成本。结果这些公司不经意间成了现有行业里的高端竞争者，而不是发现新的市场空间。

以宝马汽车公司为例，它在 2000 年推出了C1 车型，在城市交通中建立了一个新市场。欧洲城市的交通堵塞问题非常严重，人们开车上下班路上会浪费好几个小时，于是宝马汽车想开发一款汽车，人们开着它会无惧于上下班高峰期的堵塞。C1 汽车是一款针对高端市场的两轮小型摩托车。和其他小型摩托车不同，C1 有车顶和完整的挡风玻璃及雨刮。宝马汽车公司还为这款车的安全投入了很多。C1 用四点式安全带系统把司机固定在位置上，并使用铝制防滚架、两个齐肩高的翻车保护杆以及前轮周围的防撞缓冲区来保护司机。

由于这些额外的特征，C1 造价昂贵，价格范围在 7000~10000 美元，比传统售价在 3000~5000 美元的小型摩托车贵很多。虽然C1 在小型摩托车行业内的差异化很成功，但是它没有在交通领域创造出宝马公司所期待的新市场空间。2003 年夏天，宝马公司宣布C1 停产，因为其销量未达到预期。

陷阱六：把市场创新战略等同于低成本战略

这个陷阱显然是第 5 个陷阱的反面，管理者假设新市场可以仅仅通过降价来创造。当公司把市场创新战略当作低价战略的同义词，它们就会专注于减少或剔除产品和服务，并在很大程度上忽略改进或创造以提高产品和服务的价值。

欧雅公司（Ouya）是一家电子游戏机制造商，它就陷入了这个陷阱。这家公司在 2013 年 6 月开始出售其产品，当时其他几家大型电子游戏主机生产商，如索尼、微软和任天堂的游戏主机可以连接到电视屏幕，而且操作手柄的游戏体验非常好，售价在 199—499 美元之间。没有其他低价电子游戏主机产品时，许多人用掌上游戏机或便宜的线缆把移动设备连接到电视屏幕来打电子游戏。

欧雅公司尝试开创一个介于高端电子游戏主机和移动掌上游戏机之间的市场空间，它推出的 99 美元欧雅游戏机是一款低价的开源性迷你游戏主机，在电视屏幕上质量尚可，有许多免费电子游戏。虽然人们欣赏便宜、简单的设备，但是欧雅游戏机缺乏丰富的高质量的游戏，没有 3D效果、精美画面以及快速的处理速度，而这些特征都是传统的游戏玩家所称道的。欧雅公司为了把成本和价格降下来，在一定程度上牺牲了这些特征。同时，欧雅游戏机也丧失了移动手持设备的独特优势，即拿起就玩。没有了这些特色，潜在玩家没有迫切的理由去买欧雅电子游戏机。这家公司现在正在寻求被并购，但是至今还没找到买家。好在它还有才华出众的员工，而它的电子游戏机业务真的乏善可陈。

我们再次要说明的观点是：市场创新战略既追求差异化也追求低成本。在这个框架下，新市场空间的创造不是靠与行业内的竞争对手拼价格，而是依照非客户正在使用的替代品的价格来定价。因此，新市场不必在一个行业的低端去寻求，反而，它可以在高端开创，如太阳马戏团在马戏娱乐业、星巴克在咖啡业、戴森公司在真空吸尘器行业所做的那样。

即便公司的新市场是在行业的低端开创的，它的产品和服务也要在买方眼里显得格外与众不同。以西南航空公司和斯沃琪手表为例。西南航空公司的过人之处是友好、快速、有地面交通般的便捷感，而斯沃琪手表的时尚、有趣设计使之成为潮流的代言。两家公司的产品和服务被看作既有差异又价格便宜。

红海陷阱的战略方式并没有错或很差劲，它也为重要的目标服务，比如客户为先可以改善产品和服务，技术创新是市场发展和经济增长的关键要素。同样，差异化或者低成本是有效的竞争战略。然而，这些方法不是通向成功的市场创新战略的路径。当这些方法驱动的市场创新努力涉及巨大的投资时，它们带来的新业务可能收不回投资，最后导致失败，我们在文章里看到了大量这样的例子。这就是为什么一定要了解和检视开展市场创新战略的核心人员的思维模式及内心假设，这一点非常重要。如果他们的思维模式和内心假设与计划开创新市场的战略目标不一致，你一定要挑战、质询并重构它们。否则，你有可能会掉进红海陷阱里。

（第一次发表于 2015 年 3 月）